招聘

管理实操

资深HR手把手教你做招聘

水心　赵治国　张胜利◎著

人民邮电出版社

北　京

图书在版编目（CIP）数据

招聘管理实操：资深HR手把手教你做招聘 / 水心，
赵治国，张胜利著. -- 北京：人民邮电出版社，2020.4（2024.5重印）
ISBN 978-7-115-52954-1

Ⅰ. ①招… Ⅱ. ①水… ②赵… ③张… Ⅲ. ①企业管理－人力资源－招聘 Ⅳ. ①F272.92

中国版本图书馆CIP数据核字(2019)第290144号

内 容 提 要

　　本书从招聘思维、招聘流程和招聘策略3个方面，详细介绍了招聘需要懂得的道理、招聘流程中应该注意的问题和实用且高效的招聘策略。内容基本上覆盖了招聘的所有环节，解决了招聘过程中遇到的大多数难题。本书是作者在招聘工作中的经验总结，语言通俗易懂，适合人力资源初学者和中高层管理人员阅读。

◆ 著　　　　水　心　赵治国　张胜利
　　责任编辑　单元花
　　责任印制　彭志环

◆ 人民邮电出版社出版发行　　北京市丰台区成寿寺路 11 号
　　邮编　100164　　电子邮件　315@ptpress.com.cn
　　网址　http://www.ptpress.com.cn
　　北京七彩京通数码快印有限公司印刷

◆ 开本：690×970　1/16
　　印张：15.5　　　　　　　　　　　2020 年 4 月第 1 版
　　字数：175 千字　　　　　　　　　2024 年 5 月北京第 18 次印刷

定价：59.80 元

读者服务热线：(010)53913866　印装质量热线：(010)81055316
反盗版热线：(010)81055315
广告经营许可证：京东市监广登字20170147号

推荐序

2018 年 12 月的一天，水心说可以给我交作业了，答应我写的关于招聘的书，终于写完了。

2017 年年初，我刚开始发起共享招聘社群的时候，不少群友想让我分享一下招聘的经验，我就给群友写了一篇关于招聘的文章。水心看到这篇文章后，主动联系我，说他也想写一些关于招聘的文章，分享给群友。当时，我也没想那么多，肯定了他的想法，并鼓励他按照自己的兴趣写。

一周后，水心给我发了一篇将近 5000 字的文章，在社群发布后，得到了群友的一致好评。他是在企业里做 HR（Human Resource，人力资源）工作的，尽管工作上的事情很多，他依然坚持每周为群友写一篇原创文章，从来没有间断过。

转眼到了 2017 年年底，当时，水心已经为群友写了近 50 篇文章，篇篇都是共享招聘社群的经典作品，受到了群友的广泛好评和赞赏。

2018 年年初，我提议他写一本书，把企业招聘官总结的招聘经验用书的形式分享出来，让更多的 HR 学习借鉴，为招聘行业，甚至人力资源行业做一些有意义、有价值的事情。有了这个方向，水心开始以每周两篇文章的速度创作，直到 2018 年 12 月，书稿才基本完成。

水心曾经问我，"你是做猎头的，为什么这么支持我写招聘的书呢？"这个问题的答案，正是我发起共享招聘社群的初衷。

在我看来，企业 HR 是一个基本素质比较高的群体，企业主营业务和职业环境的实际情况造成他们很少与外界的同行交流，也很少有提升专业技能的机会。工作几年后，他们往往会陷入职业发展的瓶颈期。HR 群体本应该是最能积累人际关系资源，又最能把人力资源价值发挥到极致的一个群体，现实的情况却是，有不少人既没有积累到人际关系资源，又没有真正发挥出人力资源的价值，甚至连自己的职业生涯规划都没做好。

为什么会这样呢？因为他们缺少一个真正能展现自己的才华、提升专业能力的平台。

我就是怀着这个梦想，发起了共享招聘社群。目前，社群内已经聚集了20000 多名企业 HR。群友分布在各行各业，他们把自己的经验技巧分享给群友，把招聘需求共享到社群，把自己暂时不需要的求职者推荐给有需要的群友。共享招聘社群逐渐形成了"共享经验技巧，共享招聘信息，群友帮助群友，共克招聘难题"的社群文化。

随着社群的发展，我们做了越来越多的事情。

除了为群友写文章，水心还通过"人资部落·HR 学院"的微课直播间，为群友直播"招聘备战实操技能""从思维到实战，全面提升你的招聘能力"等经验分享课程。直播间开播仅 6 个月，就积累了十几万粉丝。

基于群友在微信群、朋友圈做招聘时的痛点，在群友的协助下，2019年 2 月，招聘社群推出了"快来丨招聘"微信小程序。通过小程序发布招聘信息，不但能知道谁看过你的招聘信息，而且还能和感兴趣的人直接聊天。小程序上线仅 3 个月，就获得了20000 多用户，为企业成功招聘近300 人。

《招聘管理实操》是水心在招聘工作中的经验总结，也是在和群友的长期交流、碰撞过程中逐渐形成的。本书从招聘思维、招聘流程、招聘策略 3个角度进行了系统解析和论证，提供了丰富的招聘场景。这种接地气的行文方式，读者很容易理解，也很容易明白招聘技巧、招聘策略背后所蕴含的道理。

水心严谨、专业、爱分享的做事风格，促进了共享招聘社群"有梦想、有态度、爱分享"核心理念的形成。感谢水心，他这种持之以恒的奉献精神已经感染了很多群友投入共享招聘社群的建设和发展中，他们有梦想、有态度、爱分享，他们立足招聘事业，放眼人力资源行业，取得了一个又一个优异成绩，这让我看到了未来蓬勃发展的人力资源行业。

共享招聘社群发起人、小猎吧创始人　李青松

2019 年 8 月 3 日

自序

说真的，我从来都不认为招聘是一件多么简单、多么轻松的事情。

因为从用人部门提出招聘需求到人员入职到岗，至少要经历招聘需求分析、简历筛选、面试评估、背景调查、转正考核等十几个环节。

也就是说，只要其中任何一个或几个环节没跟上，整个招聘的周期和效果就大打折扣。这显然不是用人部门和老板想看到的情形，更不是招聘官想要实现的价值。

招聘难是不争的事实，下面的情形你是否遇到过呢？

招聘信息在网上挂了几个月，收到的几份简历，还都不合适；

眼前的求职者明明还不错，用人部门却不予录用；

好不容易约了几个面试的，最后都被悄无声息地放了鸽子；

求职者入职后表现平平，与面试时完全不一样，仿佛不是同一个人；

新员工刚来两天就申请离职，甚至不到一天就走，而且招呼都不打；

公司和求职者彼此看中，却因一点点小问题，入不了职，如作息时间、社保缴纳等。

…………

除此之外，对于招聘或许我们还有下面的困惑：

时间紧，任务重，我该如何提升招聘的效率和精准度？

如何通过面试，精准搜寻到适合公司需求的求职者？

如何通过招聘面试宣传企业文化？

如何通过分析招聘数据，发现目前招聘过程中存在的问题？

如何准确识别、掌控求职者的心理，从而匹配到适合的人才？

如何通过招聘的价值实现自我价值？

…………

如果我们把格局放大，把眼界放宽，对招聘或许就会有新的疑虑和不解。

老板或用人部门眼中的招聘是什么样子，我该如何理解他们对招聘的看法？

公司为什么招不到人，问题究竟出在哪里，哪些是我能掌控的，我应该怎么办？

社交时代、微信时代的招聘难题，我该如何应对？

人招到了，如何促使他们尽快转正、尽快实现自我价值？

如何提升自己、修炼自己，成为卓越的招聘官？

…………

类似的场景和困惑还有很多。如果你曾经或者正在被这些问题所困扰，那么不用担心，不用慌张。这些，都不是什么大问题。

你能有这些疑惑和不解，说明你对招聘的理解和实践已经到了一个新的高度。因为很少有人能够反思和醒悟，也很少有人能够意识到招聘是一场修行，更少有人能够把招聘和自我的成长结合起来。

对于你遇到的这些问题、疑惑和不解，本书都能带你找到破局之道。

本书一共分为 3 个篇章：招聘思维、招聘流程、招聘策略，全面、深入地介绍了招聘要懂得的道理，招聘流程需要注意的事项以及实用、高效的招聘策略。

第一篇：招聘思维。这部分内容主要阐述的是招聘官在招聘工作中的重要性以及招聘中存在的误区、招聘细节问题的处理方式、资深招聘官的肺腑之言和招聘思维。对招聘官而言，避开招聘误区，掌握招聘细节问题的处理方式以及拥有正确的招聘思维，是顺利开展招聘工作的前提。

第二篇：招聘流程。这部分内容详细讲述的是招聘的流程。一个完善的招聘流程包括招聘前的准备、选择渠道、筛选简历、邀约面试、入职等。对绝大多数招聘官而言，他们或多或少地在每个环节上都存在问题。因此，这部分内容全面、深入地阐述了招聘前的准备、招聘渠道的选择、筛选简历的技巧、邀约电话技巧、面试技巧、背景调查技巧、员工入职、离职技巧等重点内容。这些技巧操作简单且实用，能够帮助招聘官有针对性地解决各个环节的问题。

第三篇：招聘策略。这部分内容主要阐述的是如何提高招聘效率，实现招聘官的进阶之道。相信任何一个招聘官，最终都想实现自己的进阶目标。因此，对他们而言，掌握提高招聘效率的策略，是非常重要的事情。

对于招聘，我一直都很期待着这样一本书的出现。

它的内容基本上可以覆盖招聘的所有环节，每个环节都有着详细的解读、介绍、操作流程或者模板；

在实际招聘过程中，碰到的大部分难题、疑惑点在该书都能找到解决方案，就那么轻轻一翻，问题就迎刃而解；

它没有高深莫测的理论，没有天方夜谭的讲述，没有生僻难懂的语句。它简单、通俗、好理解、接地气，讲的都是身边的案例或者我们都遇到过的场景；

它能带我们破解招聘难的痛点，带我们实现招聘的价值、实现我们自身的价值。

本书就是这样一本书！

本书中提到的案例都是真实的。要么发生在自己的公司，要么发生在粉丝的公司。

正是由于真实的案例，本书才会让读者有身临其境的感觉，仿佛自己就是文中的主人公，案例就发生在自己的公司。

我希望本书是个工具，更像个知心姐姐，陪在你身边，帮你解决招聘工作中的难题，给你指点迷津，让你通过招聘，实现自己的价值！

如此，甚好！

水心

2019 年 8 月 3 日

目录

第 一 篇 >>>

招聘思维

第 1 章

做好招聘必须懂的道理

任何工作都有其潜在的规律和法则，做招聘也是如此。你要想成为一名优秀的招聘官，首先要了解做招聘工作必须懂的一些道理。这些道理将帮助你建立初步的招聘思维，避免你在招聘工作中走一些弯路。

01

你是招聘中最重要的一环

招聘官是招聘工作中最重要的角色。从某种程度上说，招聘官的一言一行都有可能影响招聘的效果。

然而在实际的招聘工作中，很少有招聘官能注意到这一点。无论是在工作中还是工作外，他们总是喜欢"特立独行"，按照自己的一套标准行事。例如，面试的时候仅凭个人喜好对应聘者妄加评判，或者在朋友圈抱怨公司、同事等。这些事情看似很小，实际上却很有可能导致你错失一个优秀的人才，甚至导致你的招聘工作陷入停滞。毕竟没有人愿意去招聘官自己都在抱怨的公司上班。

那么，作为招聘工作中至关重要的角色，招聘官自身需要注意哪些问题呢？主要有两个方面：一方面是工作中要注意的问题；另一方面是工作之外要注意的问题。

（1）工作中要注意的问题

招聘官如何正确开展招聘工作，是招聘能否取得成功的关键。而正确开展招聘工作的前提是，避开以下 4 个问题。

第一个问题：过于相信测评工具和人力资源外包。

在职场信用危机、诚信意识薄弱和招聘压力巨大的环境下，越来越多的企业开始进行人才测评和人力资源外包。人力资源外包不仅仅提供服务，还提供一些专业的数据供你参考分析。

很多招聘官认为，这些测评软件、招聘外包等手段，能确保招聘工作专业、准确、客观、公平、公正。于是，任何职位的招聘，他们都会依赖测评结果或外包机构的意见来决定录用与否。在他们看来，这样可以招聘到人才且花费的成本较少。结果却往往不尽如人意。因为公司需求和人才特点会受到各种因素的影响，随时都有可能出现变化，所以如果完全相信测评工具和人力资源外包，往往会导致招来的人才和公司的实际需求不匹配，进而增加招聘成本。

当然，不能以偏概全，有一部分测评和外包还是值得认可的。但是具体要结合公司的实际情况而定，例如岗位性质、公司实力等，而且不可完全依赖测评和外包。

第二个问题：太相信自己的人生阅历、看人眼光。

一般而言，招聘官往往已经在社会上摸爬滚打很多年，有着丰富的社会阅历、工作履历。因此，他们在看人、选拔人才的时候主观意识非常强烈。这种做法其实非常致命，主要原因有两点。

第一点是人才甄选标准的缺失。招聘官没有充分认识并重视人才甄选的重要性和专业性，缺乏行之有效的人才甄选体系标准。

第二点是招聘官自身的局限。这些局限存在于对专业技能、人才识别方法的掌握，对公司战略和行业、业务特点的了解以及自身工作态度和行为等多个方面。

人才选拔需要面向客观的岗位需求来定。过强的主观意识反而会干扰招聘官对人才的客观判断。因此，人生阅历、看人眼光等虽然可以在某些时候辅助招聘官对人才做出甄别，却不能作为人才甄选的依据。

第三个问题：招聘只是人力资源部的事情。

我们常常看到这样一种现象：用人部门只要有岗位空缺，就开始让人力资源部进行招聘。人力资源部面对这种"突袭"束手无策，用人部门便会抱怨连天，如"人力资源部就是负责招聘的，不然设这个部门有什么用"。久而久之，招聘官也会认为招聘就是他们的事情。然而事实真的如此吗？

答案是否定的。在招聘管理中，招聘官只是招聘全程的组织协调者，侧重于专业指导、支持以及人员初步筛选、把关等。用人部门则扮演着更重要的角色，侧重于合理评估本部门各岗位的相对价值及任职要求，提出本部门的用人和培养计划，对应聘者专业知识技能的评价和录用决定等。

这也就是为什么在公司年度会议上，人力资源部经常与其他部门协商人员配置的原因，也是为什么人员去留的决定权一般保留在用人部门手里的原因。

综上可知，招聘不只是人力资源部的事情。

第四个问题：低薪酬才能试出好人才。

薪酬，是招聘的一个重要因素。薪酬越高越容易招到人才。而低薪酬，成了招聘工作中最大的障碍。

一般来说，企业想以低薪酬招聘，无非有两个原因。

第一，视人才为成本而非可增值的资本，想廉价取才。

第二，想测试应聘者的忠诚度，希望员工具有创业者当年在特定环境下艰苦拼搏、不计得失的热情和耐力。如果应聘者愿意接受低起薪，能够历经时日磨炼，无私奉献并有所为，企业会给予重用并增加远期回报。

企业这样的做法其实非常"荒诞"，这是不重视人才的体现。当然，我们不排除有一些求职者的境界高、情怀高尚，但前提是企业的发展前景好。

（2）工作之外要注意的问题

工作之外的问题是招聘官最容易忽视的问题，因为他们认为工作之外是自己的生活，自己想怎么做就怎么做，这是个人自由。当然，这的确是个人自由。但是，如果你私下的行为影响到招聘工作，那么你就不得不适当舍弃"自由"。

在招聘官的个人生活中，对招聘工作影响最不好的莫过于朋友圈传播的负能量。

我身边的一个朋友曾向我吐槽一件在招聘中发生的事情。

一天，他预约了一名面试文案的求职者，电话里沟通得很顺利。为了方便联系，他特意添加了求职者的微信，但是加上微信后不到十分钟，求职者推掉了原本约好的面试。他疑惑不解。

再三询问之下，求职者才告知其原因："您作为人力资源部负责人，朋友圈却是铺天盖地的负能量。整个朋友圈都是领导不好、加班辛苦、回家晚、没有加班餐的信息，没有一张你们聚餐、旅游、年会的照片。这显然能看出贵公司的企业文化不太好。人力资源部作为公司的形象部门，您作为公司的形象代言人都这么负能量，每天杞人忧天，看不到公司发展的前景，您还指望我去面试吗？大家都是成年人，时间非常宝贵，没有人愿意把时间白白浪费掉。"

就这样，求职者不是因为公司的待遇，而是因为招聘官的"朋友圈"放弃了这家公司。

朋友圈的"威力"，在这个故事里体现得淋漓尽致。

对招聘官而言，"朋友圈"不仅是你分享生活的平台，更是你形象的代表，能深深影响你的招聘工作。

也许在招聘官看来，这只不过是个人化的朋友圈。但是在外人看来，朋友圈的每条内容都可以折射出很多信息，可以从中判断出你的品位、交际、企业文化、对企业的忠诚，等等。所以，优秀的招聘官往往会懂得利用朋友圈，给公司和招聘工作加分。

不要让自己的朋友圈都是负能量。

在移动互联网时代，朋友圈已经不仅仅是吐槽自己私密的小空间，而是交际平台。平台上的用户不只是你一个，你传递出的负能量会影响其他人。因此，最好不要在这里传播负能量。如果你实在想发泄、想吐槽，可以找身边的朋友聊聊天，这样就能完美解决问题。当然，如果你真的非常想在朋友圈吐槽一下，那么建议你设置"仅对自己可见"，或者仅对自己非常要好的朋友可见。

招聘官要时刻谨记，你是公司的形象代表。如果你传播的都是负能量，求职者看到必然会对公司敬而远之。

不要在朋友圈含沙射影。

现在的职场人，特别是"90后"，都是非常有个性的一代人。一旦他们对公司或者同事稍有不满，就会在朋友圈含沙射影地发表一些"心情"。事实上，在职场中，每个人或多或少都对公司存在不满，这也是司空见惯的事情。但是，最好不要在朋友圈表现出来。试想一下，求职者还未入职就看到你在朋友圈"含沙射影"地吐槽自己公司不好、同事不好，他们还会选择加入公司吗？显然不会。

在朋友圈多发跟公司相关的积极信息。

如果一个招聘官对自己公司的发展都不支持，那还能指望求职者来面试，来支持公司吗？

所以，招聘官要多转发公司节假日海报、招聘信息、公司活动链接等积极信息。这些都是你对公司忠诚、热爱公司的最好表现，也是吸引人才的方式。

朋友圈不要总是孤苦伶仃，只有你自己。

如果朋友圈里，只有你生活的点点滴滴，只有你自己的喜怒哀乐，没有朋友、同事、团队的出现，那么很可能给求职者的感觉是：你是一个在公司没有什么人气的人，或者你的公司很无趣，因为没有什么值得发朋友圈的事情，进而可能导致他们做出放弃加入公司的决定。

当然，如果这些不影响你的工作，你大可以自己喜欢发什么就发什么。但是对于招聘官而言，这些信息会影响求职者对公司的看法和他们的决定。因此，要谨慎对待朋友圈，不要总是显得"孤苦伶仃"。

朋友圈其实好比自己家的后院，需要用心打理。你可以在院子里种菜、种花、种绿植，这都是你的自由，别人干预不了。如果你能把自己的后院打理得很漂亮，能够让人驻足很久，给人留下深刻的印象，岂不是很好吗？

以上的这几个问题对招聘工作而言都是致命的。所以，招聘者不要只是一心着急如何为用人部门选拔合适的人才，还要时常审视自己，加深对招聘工作的理解，避免出现以上问题。要谨记，你是招聘中最重要的一环。这一环节出现任何失误，招聘工作就无法有效进行。

02

老板最喜欢这样的招聘官

什么样的招聘官会受到老板的赏识、提拔、重用？是一个月招聘入职了几十名员工的？还是一个人一天核算了几百人的工资的？又或是一个人组织了一场上千人的培训的？这些回答都是对的，因为这个问题本身就是一个仁者见仁、智者见智的问题。

虽然这个问题没有标准答案，但事实表明，能够深入了解候选人和用人部门，明确各自的需求，并在短时间内帮助用人部门匹配到合适的人才的招聘官，一定会深受老板的喜欢。

某公司的财务部要招聘一名会计主管。由于行业的特殊性以及财务部门领导用人的偏好，导致该岗位长期无法招到合适的人才。终于，有一份不错的简历被财务部领导相中了。

负责招聘的张楠楠跟财务部领导说："首先，从专业、年龄、履历、行业、工作内容、求职动机等基本情况来看，应聘者符合公司的用人标准。而且我已经做过初步的电话沟通，对方对公司的意向也比较大。根据目前财务部的整体架构来看，他如果能顺利通过面试，且加入公司，比较适合'成本核算'方面的工作。当然，具体的工作还要您来安排。其次，他目前在公司的职位是主管，薪酬大约在10000元。为了能够留住他，等会儿面试的时候我们要做好配合工作。您负责把关专业问题，并给他施加压力，其他的问题交给我就行。"

听完张楠楠的一席话后，财务部领导拿着简历走进了面试室。在应聘者简单的自我介绍后，领导问了几个专业问题。回答这些问题的时候，应聘者表现出了一定的压力。

第一轮面试在紧张的氛围中结束了。这时，早已准备好的张楠楠走进了面试室，开始了第二轮面试。与第一轮面试不同，这轮面试两个人相谈甚欢。结束的时候，双方还非常高兴地握了手。不久，这位应聘者进入公司的财务部工作，且适应能力很强，工作也得到了财务部领导的认可。

也许在很多招聘官看来，这不过就是一场简单的面试，并没有什么特别之处。其实这场面试里面蕴藏着很多"秘密"。

"秘密"的钥匙其实就藏在张楠楠的话中。下面，我们逐句分析张楠楠的话语，解开其中的"秘密"。

"从专业、年龄、履历、行业、工作内容、求职动机等基本情况来看，应聘者符合公司的用人标准。"

这句话表明：张楠楠非常清楚公司的用人标准，从简历筛选层面就淘汰了不合适的人。

"我已经做过初步的电话沟通。"

这句话表明：张楠楠已经通过电话做了初步面试，了解了求职者的大致情况。也就是我们常说的电话面试，这个时候可以了解求职者基本的求职意向、动机、对公司的意向度。

"对公司的意向也比较大。"

这句话表明：这个简历是有效的。只要薪酬、专业没问题，就可以入职。同时，也在向用人部门领导传递一个信息：我是在认真帮你推荐人才。

"根据目前财务部的整体架构来看……"

这句话表明：张楠楠非常了解财务部门整体架构以及财务部的工作流程，知道招聘的岗位的上下游关系、上下级关系。这个是招聘工作中应该关注的重点，会直接影响招聘效果。

"他如果能顺利通过面试，且加入公司，比较适合'成本核算'方面的工作。"

这句话表明：张楠楠不仅了解财务部的相关工作，而且了解财务部领导的用人偏好。

"具体的工作还要您来安排。"

这句话表明：对财务部领导职位、工作的尊重和配合。

"他目前在公司的职位是主管，薪酬大约是 10000 元。"

这句话表明：面试前，告知财务部领导应聘者的基本情况，能让领导做到心中有数。同时，也在向财务部领导传递一个信息——我已经对此人做过背景调查，您大可放心。

"等会儿面试的时候我们要做好配合工作。您负责把关专业问题，并给他施加压力……"

这句话表明：专业的问题交给专业的人，更能选拔到合适的人才。

"其他的问题交给我就行。"

这句话表明：没事，您只管面试，只管配合我。如果招聘不成功，一定是我的问题。

这九句话，充分体现了张楠楠对公司的用人标准、公司业务、财务部门架构、财务部领导用人偏好的了解。对这些事情了解得越深，掌握得越透彻，越能把握好薪酬、职位、入职时间等问题，越能做好跟用人部门的配合工作，越能加快匹配合适人才的速度。

03

一定要避开的招聘误区

美国著名作家戴维·P.琼斯在其著作《百万招聘：如何让招聘的回报最大化》一书中提到，"招对了人，带来百万效益。聘错了人，造成百万损失。"很多招聘官认为这句话有点"危言耸听"，事实却的确如此。一个公司的长久发展，容不得错误的招聘决策。一旦招聘陷入误区，就会给公司带来惨痛的代价。

所谓"误区"，是指较长时间形成的某种错误认识或错误做法。招聘官在招聘的过程中，很容易形成自己的理念、模式思维和经验。这些是你工作中的无形资产，但是这些固有的理念和思维很容易让你陷入招聘误区。对于招聘官而言，可怕的不是进入误区，而是深陷误区不能自拔。

为了确保招聘效果，招聘官一定要避免以下几个误区。

（1）把薪酬当成决定性因素

薪酬固然重要，但不是决定性因素。

在招聘工作中，决定一个候选人是否加入公司的因素有很多，薪酬就是其中一个，也是比较关键的一个。很多招聘官认为薪酬越高越具有吸引力，所以，当候选人迟疑是否入职的时候，招聘官往往会选择以给他们加薪的方式来留住他们。

这就是最典型的招聘误区。薪酬固然重要，但是并不一定是决定性因素。

在实际的招聘过程中，招聘官面对候选人迟疑是否入职，首先要做的不是立即加薪，而是要弄清楚候选人迟疑的因素，如地理位置、发展空间、休息时间等。很多时候，候选人选择加入公司是因为公司的企业文化、知名度、经营风格、地理位置、产品等。如果候选人不喜欢公司的经营模式、企业文化或者认为位置太偏僻，那么你给他开再高的薪酬也是徒劳的。

所以，不要把薪酬当成万能的"救世主"。

（2）把讲故事当成法宝，想讲什么就讲什么

讲故事可以，但要真诚，要结合公司的实际情况。

人力资源行业曾流行一句话：不会讲故事的招聘官，不是好的招聘官。于是，越来越多的招聘官将讲故事当成招聘工作的法宝。在招聘工作中，讲故事可以吸引应聘者的注意力，并且更容易打动应聘者。但是故事不能随意讲，想讲什么就讲什么。

在面试环节中，很多招聘官为了彰显自己的本领、博学，常常会讲很多自己"叱咤"职场以及在公司"风生水起"的故事。这些故事往往天马行空，

跟实际情况不相符。这种故事显然是对候选人的不尊重，很容易引起对方的反感，进而会影响对方的选择。

因此，招聘官在讲故事的时候，一定要选择合适的故事，并且要真诚、要结合公司的实际情况。例如，可以讲公司发展史上比较有趣的故事，或者比较振奋人心的故事。此外，要注意的是，讲故事的时间不宜过长，只讲重点即可，避免对方听觉疲劳。

（3）面试环境随意

面试环境不用太讲究，但是要干净。

招聘工作看上去是一件非常简单的工作，只要发发招聘信息，面试一下候选人即可。但事实上，招聘工作是一个非常庞大的工程，任何一个环节、一个细节做得不到位就会影响招聘效果。最典型的就是面试环境。

面试环境是招聘官比较容易忽视的一个细节。很多招聘官在面试候选人的时候，对面试环境的选择比较随意。但是，对于候选人而言，面试环境代表着公司的形象。

试想一下，如果你去一家公司面试，面试接待区垃圾遍地，桌上布满了灰尘，你还有心情面试吗？还会选择来这样的公司上班吗？即便你认为公司的待遇、经营风格等各方面都很好，你也会迟疑。

心理学中有个效应叫"首因效应"，是指最初接触到的信息所形成的印象对人们以后的行为活动和评价的影响。面试环境对招聘工作产生影响体现的正是"首因效应"。当然，面试环境不一定要富丽堂皇，这样也会给候选人造成一定的压力。面试环境只要干净、舒适即可。

（4）面试中间等待时间过长

面试中间可以等待，但是时间不宜过长。

一般情况下，面试有初试和复试两轮。如果初试过了，候选人要等待进入复试。这个流程是对的，但是这个流程里面最容易出现的问题是：中间等待时间过长。

我们常常会看到这样的现象：初试完成后，往往需要等待很久，少则十多分钟，多则半个小时，用人部门才开始进行复试。甚至还有等一两小时，复试才开始的。作为用人部门，的确掌握着面试的主动权。但是如果等待的时间过长，会让候选人很焦虑，并且也会让他们逐渐失去耐心和兴趣，最终的招聘效果一定会大打折扣。

避免这种情况出现的方法很简单，就是提前跟用人部门沟通好，做好面试工作安排。为了确保复试顺利进行，建议招聘官跟候选人说一个大概的时间，如第二天复试。复试时间不要安排得太紧，因为有的用人部门真的很忙。

每个人对招聘都有自己的看法和理解，这是非常正常的事情。但是，希望每一个招聘官都学会走出自己的圈子，跳出来看一看，避免陷入误区而不能自拔。

04

10个招聘细节问题的处理原则

在日常的招聘工作中，你是否经常遇到这样的情形：

明明看了很多简历，打了很多邀请面试的电话，也面试了很多人，但是招聘效果却不如人意；

用人部门的决策者不清楚要招聘什么样的人才。你推荐了很多，他都否定了，觉得人才跟岗位不匹配；

…… ……

面对这些问题招聘官常常会疑惑：为什么公司的薪酬福利、晋升机制等各方面都还不错，且自己对待招聘工作也非常认真，招聘却没有进展呢？

这个问题的答案其实很简单：你还没有掌握招聘细节问题的处理原则。

（1）关于如何看待招聘价值的问题

如何分辨优秀的招聘官和普通的招聘官？前者用招聘结果来证明自己的价值和岗位的重要性，而后者则用重复的劳动证明自己的辛苦和招聘岗位的必要性。也就是说，这二者最大的区别在于价值取向，而价值取向决定了招聘的最终结果。

（2）关于维护招聘渠道的问题

很多招聘官认为在一两个招聘网站上发布了招聘信息就可以高枕无忧了。但是事实上，很多求职者并不一定会按照你的期望出现，也不一定会在你喜欢的招聘网站上投递简历。所以，我建议招聘官，在闲暇之余要多开发、多维护一些招聘渠道。全渠道招聘模式，一定会让你有意想不到的收获。

（3）关于了解业务的问题

如果你平时不忙，建议你不要总是坐在办公室了解最新考核政策，而是要多去和用人部门的相关负责人聊聊，多了解他们的业务，清楚他们的招聘需求。与此同时，你还能表达自己的观点，进而可以渐渐地把你们的观点、思想融合到一起，用你的专业去影响他对招聘的看法，这样更能促进双方的友好合作。

招聘官要清楚地知道，招聘这件事，最终拼的是影响力。谁的影响力大，谁就有更大的话语权。

（4）关于帮助用人部门重新认识招聘并参与到招聘过程中的问题

我们可以把这个问题分成两个问题来处理。

关于帮助用人部门重新认识招聘的问题。

"隔行如隔山"，这句话用在用人部门和招聘官身上再合适不过了。很多时候，用人部门会天马行空地提出各种"奇怪"甚至极其苛刻的招聘要求。它们之所以这么做，不外乎 3 个原因。

第一，用人部门不了解招聘行情、不了解人才市场，认为招聘就是打打电话、看看简历。

第二，用人部门用自己的工作习惯、工作方式、自己的行业发展，去看待招聘。

第三，用人部门自己也不清楚这个岗位该用什么样的人，有什么样的要求。

当双方对招聘的认识产生冲突的时候，招聘官千万不要反驳用人部门，而是要用数据帮助用人部门重新认识招聘。例如，每天的简历量、电话量、面试量和入职量。通过这些客观的真实数据再加上真诚的沟通，可以让用人部门重新认识你的工作，重新认识招聘。一旦你刷新了用人部门对招聘的认识，他们自然愿意配合你的工作。这样做，远比你跟他们争执不休要强得多。

关于让用人部门参与到招聘过程的问题。

一般情况下，用人部门只会催促你招聘，尽快让候选者入职。他们对整个招聘工作并不了解，最多参与到面试环节中。而为了确保招到合适的人才，建议你尽量让用人部门也参与到招聘的过程中来。除了面试，他们还有很多工作可以参与，例如筛选合适的候选人。

虽然这看上去增加了用人部门的工作量，但实际上是在节约大家的时间，更多的是节约招聘成本。因为用人部门更清楚岗位需求，更明确他们需要的人才，让他们参与到招聘过程中，能够花更少的时间招到更合适的人才。

（5）关于内部推荐人才的问题

内部推荐，一直都是个有争议的招聘人才的方式和话题，为什么这么说呢？

内部推荐的人才对企业文化、规章制度、运作流程无比熟悉，能够最大限度地解决企业招聘人才的难题，而且内部推荐还能够激励员工。这样看来，内部推荐似乎是一个不错的招聘方式。

但是，内部推荐也存在一定的缺陷。内部推荐，最容易形成裙带关系，造成"近亲繁殖"，可能会导致企业内部流言蜚语不断。这无疑会影响企业文化，进而会影响企业的发展。

因此，如果不是企业运行流程清晰、发展稳健、内部关系简单、企业文化良好，建议不要轻易采取内部招聘这种招聘方式。

（6）关于推荐简历和安排面试的速度问题

给用人部门推荐简历、安排求职者面试的时候，不要一次性把你认为合适的全部都给他们。因为你认为合适的，他们不一定认为合适。如果他们觉得你推荐的都不合适，那么一定会继续让你推荐。当你没有简历、没有可供面试的候选人的时候，他们就会觉得是你个人能力问题。这一定不是你期待的结果。

因此，简历留一手，面试也要留一手。要知道，降低用人部门的期望，就是在提升你的价值。

（7）关于薪酬谈判问题

如果公司薪酬制度不是特别严格，招聘预算不是精确到几厘钱，或者要严格控制薪酬总额，那么建议你不要一味压低候选人的薪资。

压低候选人薪资看上去是在为公司节约成本，实际上是在给自己找麻烦。严重来说，这就是在耽误公司的发展。如果你不理解这种说法，那么不妨问自己两个问题：你真的觉得遇到一个合适的人才很容易吗？公司发展重要还是钱重要？显然招到合适的人才助力公司的发展更重要。

（8）关于求职者怀才不遇的问题

很多求职者，尤其是那些较为优秀的求职者，常常觉得自己怀才不遇，因此会不停地更换他们所谓的"伯乐"。作为招聘官，不要太过于在意求职者的工作连续性、稳定性，找工作的目的、动机。这些固然重要，但是薪酬、职位远比这些重要得多。

（9）关于用人决策权的问题

在人员录用的时候，如果你的意见跟用人部门有出入，且你的能力和影响力尚不能一票否决他们的用人决策，那么请以用人部门为主。否则，你会发现这样的问题：此后，即便你给用人部门推荐的人才非常优秀，他们也可能用"不太合适，再看看吧"这类话拒绝你。

在用人决策的时候，非要争个你死我活，是非常不明智的行为。

（10）关于停止招聘的问题

很多招聘官说停止招聘就立即停止。事实上，我们不建议这么做。

即使你已经给候选人发过入职信息，他也答应按时入职，但招聘官还是不要着急拒绝其他求职者。因为很多时候，无论是求职者还是用人部门的变化都非常快，快到让你觉得不可思议。我相信，你一定被他们放过鸽子，而且是在没有备选候选人的情况下。

掌握以上这 10 个招聘细节问题的处理原则，能够帮助你在招聘的路上少走很多弯路。当然，要想实现高效招聘，还要清楚地知道招聘不是速度越快越好，而是一眼就能识别适合企业发展的人才，并且用人部门对你的推荐表示认可。因此，在这里我建议招聘官，要学会跳出自己的专业做人力资源，跳出招聘做招聘。只有跳出局限性的思维，才能更精准地识别人才，发挥自己的价值。在竞争激烈的市场中，给你升职加薪的一定是你的价值，而不是你日复一日的劳动。

05

资深招聘官的5句肺腑之言

作为一名招聘官，最自豪的事情莫过于费尽周折，找到了适合企业发展的人才。但是"千军易得，一将难求"，优秀的人才注定是稀缺的。在这个人才越来越难求的时代，如何才能突破瓶颈，成为优秀的招聘官？

关于这个问题，资深招聘官总结出了 5 句肺腑之言。倘若你能深谙这 5 句肺腑之言，说明你有成为优秀招聘官的潜质。

（1）说应聘者能听懂的话

招聘工作的本质是通过与应聘者沟通，达成招聘合适人才的目的。所以说，沟通是招聘工作中非常重要的环节。而要跟应聘者进行友好、顺利的沟通，就要求招聘官一定要说应聘者能听懂的话，特别是在招聘、面试的时候。

例如，用人部门要招聘一名一线操作工人。一般情况下，这些基层操作工的学历、文化水平都不太高。如果面试的时候，你跟他们谈论企业战略、企业文化、企业使命等，一定会让他们感到茫然和不安，认为自己无法胜任这份工作。即便遇到了合适的人才，他也会被你这些高端的词"吓走"。

事实上，对于一名基层操作工而言，他关注的是一个月多少钱、工资怎么计算、有没有加班费、其他福利等。你只要告知他这些内容即可。这种他能够听懂的表达方式，更能拉近你们的距离，进而能更好地促进沟通的有效进行和招聘工作的顺利开展。

（2）冲动是"魔鬼"，学会控制自己的情绪

英国著名作家塞·约翰逊曾说："人最重要的价值在于克制自己的本能的冲动。"对招聘官而言也是如此。

在实际的招聘过程中，招聘官常常会遇到的问题是：

老板因为人力成本预算问题批评了你；

求职者放你的鸽子；

用人部门埋怨你的招聘效率低；

求职者在面试的过程中对你说了不好听的话；

…………

这些都会让招聘官产生强烈的负面情绪。有时候为了发泄这些负面情绪，你会跟应聘者、老板或者用人部门对着干。但是这种冲动的行为对你而言没有任何好处，甚至会让你丢了"饭碗"。所以，在面对这些问题的时候，一定要学会控制自己的情绪。

当然，你可以发泄自己的情绪，但是一定要找合适的方式，如唱歌、运

动或者偷偷地大哭一场。但是，发泄后，一定要尽快调整自己的心态，积极投入到招聘工作中。否则，你永远无法成为一位优秀的招聘官。

（3）要了解业务，但不要"痴迷"业务

近些年来，成为一个懂业务的 HR 似乎成了该职业的主旋律。在招聘官看来，只有深入了解业务，才能选拔出合适的人才。

当然，不可否认的是，懂业务的确能够帮助招聘官开展实质性工作，能更好地将招聘方案落地。但是如果"痴迷"于了解业务，就有点南辕北辙了。对招聘官而言，了解公司的发展规划、业务流程以及用人部门的大概流程就足够为你的招聘工作助力。如果花费很多时间和精力去了解业务，那么将无法确保你有充足的时间和精力做好自己的本职工作。

唐代文学家韩愈在《师说》里提到"术业有专攻"，说的正是这个道理。对于招聘官而言，你要专攻的是招聘技术，而不是业务。

（4）定薪酬要参考用人部门的意见

招聘部门和用人部门，一个是人力的提供方，一个是用人需求方，双方必须互相理解、密切配合才能促进招聘工作顺利开展，招到合适的人才。

但实际情况是，双方经常因为配合不好而产生矛盾。导致矛盾产生的关键原因是：谁来定薪酬？

原则上，定薪酬是招聘官的事情，用人部门不必为此操心，也不必过问。那么，为什么双方会因此吵架？

道理其实很简单。招聘官为了更高效地完成招聘任务，难免会用"高薪"这种招聘手段吸引并留住人才。但是，当应聘者入职后，其能力跟薪酬匹配不上，无法创造高绩效的时候，用人部门就会对招聘工作产生怀疑和不满。

所以，为了避免这种矛盾产生，在确定薪酬的时候，不妨听听用人部

门的意见。毕竟用人部门更了解部门的实际情况，更能准确把握薪酬的高低。

（5）参与用人决策的时候，多听、少说、看眼色说话

经过初试、复试、背景调查等环节后，下一步就是做用人决策。通常情况下，这个环节招聘官会被邀参与，并且老板或用人部门会征询你的意见。当用人部门或者老板征询你的意见时，千万不要耿直地表达自己的意见，而要做到多听、少说、看眼色说话。

事实上，在邀请你之前，他们已经有中意的人选。这个时候征询你的意见，只不过是想借助你的嘴说出他们想要的决策，以此彰显民主、和谐，仅此而已。

曾经和一个猎头朋友聊起过这个话题，她说了一句话，至今让我记忆犹新。她说："不用当着用人部门和老板的面评价某个候选人的决策信息，除非你是老板的亲戚或者老板离不开的员工，否则你被辞退的速度就是你评价候选人的速度。"所以说，参与用人决策的时候一定要谨慎，要"多听、少说、看眼色说话"。

从提出招聘需求到招聘信息发布再到面试、入职办理等，看似一个简单、明了的招聘过程，操作起来并不简单，并且会遇到诸多问题。以上资深招聘官的 5 句肺腑之言，可以帮助你解决不少问题，但是这并不意味着这样就一定能成为优秀的招聘官。要成为优秀的招聘官，还要多学习、多钻研，精通招聘之道。

06

请带着3种思维走上招聘之路

心理学家荣格曾说："你的潜意识指引着你的人生，而你却称其为命运。"这里的潜意识就是来自我们内在的思维。从某种程度上说，决定一个人命运的不是智商，也不是学识，而是思维。

那么，招聘官的哪些思维会决定招聘的质量呢？

（1）结果思维

"结果思维"也称"结果导向型思维"，是指善于发现和分析问题，具有很强的质量控制意识，强烈的责任心和敬业精神，能够严格地遵照测试流程规范定位。何谓结果导向？举个例子，上班工作是任务，创造价值是结果。

结果思维在招聘工作上的运用是：招聘工作是任务，在计划时间内招到合适的人才是结果。遗憾的是，很多招聘官并没有这样的思维。不少招聘官往往会受限于部门定位，很难在计划时间内招到合适的人才。这时候他们不但不反思，反而会找出各种理由，如"招聘网站效果不好""市场环境不好""求职者态度不端正"等。

不具备结果思维的招聘官的终极目的是完成招聘任务，而具备结果思维的招聘官的最终目的是为用人部门选拔合适的人才。具备结果思维的招聘官会完全站在公司发展和用人部门的痛点角度开展招聘工作。他们明确地知道，招不到合适的人才，他们的价值就难以体现，而且还会耽误项目进展，影响公司效益。正是因为具备这种"不择手段"要达成想要的结果的决心，他们才能把控好招聘工作的每一个环节，才能不断提升招聘效果，达成最终目的。

（2）灵活思维

所谓的"灵活思维"是指在满足刚性需求的招聘岗位基础之上，再把岗位招聘进一步扩大，既可以"以岗定人"，又可以"以人定岗"。

例如，公司要招聘的岗位是总监岗位，而候选人的能力足够胜任副总裁。如果候选人的能力很强，且非常符合公司发展的要求，那就给他设定副总裁的职位。相比较而言，副总裁的能力一定比总监能力强，能为公司创造更多的价值。当然，如果你有非常高超的沟通技巧，能够打动候选人，让对方愿意从总监开始做，也是一件非常好的事情。

然而在实际的招聘中，很多招聘官往往会遵循一些规则。他们关注人才，但是他们更关注规则，关注招聘的严谨性和规范性。但凡跟规则有一点不相符，他们就会立即放弃人才，即便这是他们梦寐以求的人才。这种行为就是思维固化导致的结果。长此以往，只会让招聘工作陷入困境。

俗话说：规矩是死的，人是活的。每个人才都有自己的个性和才能，因此，不要试图用一套硬性标准来衡量所有人。如果他们不是跟你的标准完全背道而驰，影响公司的发展，那就请放宽条件。否则，被时代抛弃的将不是他们，而是没有灵活思维的招聘官。

（3）持续性思维

持续性思维是指一种长久维持的思维状态。招聘的持续性思维主要体现在两个方面。

第一个方面，候选人入职之后的后续工作。

优秀的招聘官不会将候选人的入职当成招聘工作的终点，而是将它当作起点。

招聘只是人才进入公司的入口，公司的发展还要建立在完善的人才选、育、用、留系统上。而这些工作都是招聘官要重点关注的。候选人入职后，招聘官要做的后续工作还有很多，如入职管理、在职管理、候选人试用期动态、试用期考核等。所以，招聘官们千万不要认为候选人入职后你就可以"打烊"，你的工作其实才刚刚开始。

第二个方面，候选人入职后，招聘工作要持续进行。

这一点在前面提到过。之所以在候选人入职后，要持续做好招聘工作，是因为候选人和用人部门的变化。这样做，能够更好地应对他们的变化。

人与人之间最大的差别就是思维的不同。思维对一个人的影响非常大，小到工作、生活，大到事业、人生。对招聘官而言也是如此。具备结果思维、灵活思维和持续性思维，将助力招聘官顺利踏上招聘之路，快速成为招聘专家。

第 二 篇 >>>

招聘流程

第 **2** 章

招聘前，你必须
做好 5 件事

只有做好充分的准备，才能迎接更多的机遇。要做好招聘工作，你必须在招聘前做好 5 项准备工作：明确需求、设定标准、人才盘点、招聘反思和制定方案。

01

明确需求：为什么要进行招聘

在企业招聘过程中，常常会有这样的冲突：用人部门认为 HR 不给力，总是招不到合适的人才；HR 则抱怨用人部门的需求太模糊，无法针对性挑选合适的人才。事实上，如果用人部门能够明确需求，清楚地知道为什么招聘，那么双方的不和谐就会减少，招聘效果会大大提升。

例如，病人去医院看病，通常情况下只能简单描述自己哪里不舒服，有时候连具体哪里不舒服都描述不清楚，只能大概描述一些感受。这时候，医生需要借助医疗工具、设备对病人检查并对最终检查结果进行分析，得出病人的病因并给出诊断建议、方案等。

试想一下，如果病人非常清楚自己的病因是什么，这中间会省去很多过程，会节约双方的很多时间和成本。当然，除了一些小感冒等，病人能做到明确病因是一件不太可能的事情。

这里之所以要举这个例子，是想说明，明确需求能够节省时间和成本。企业的招聘工作也是如此。如果在招聘前用人部门就能够明确用人需求，将给招聘工作带来更多的便利，并且节省大家的时间和招聘成本。对招聘工作而言，明确需求是顺利开展招聘工作，选拔合适人才的基础。

在一次培训课上，我有幸结识了一位互联网公司的人力资源部经理王圆圆。王圆圆在公司工作了三年，无论态度、能力、业绩在公司都比较拔尖。却因为没有明确招聘需求，盲目招聘，与自己心仪的总监岗位失之交臂。

事情的具体情况是这样的。一个周五下午快下班的时候，老板把王圆圆叫到办公室说："招聘一个技术部经理，5 天之内到岗。我相信你一定可以完成这个任务，快去忙吧。"老板非常简单、干脆，没有多说一句话。

王圆圆接到任务后也没有多想，便赶紧按照技术部经理的岗位职责、任职要求、薪酬水平等展开招聘工作。当她开始一步步落实这项工作的时候，她发现诸多问题：

老板给的薪酬在市场上根本招不到合适的人，但是老板要求的能力又非常高；

现任技术部经理对招聘的人不满意；

技术部经理和老板都很满意，但是薪酬谈不拢；

…………

面对这些问题，王圆圆感到非常困惑，她不明白老板到底要什么样的人才。遗憾的是，当她想到这一点的时候，老板已经对她的工作感到非常不满，并且明确表示要辞退她。至今王圆圆还记得老板辞退她的时候说的话："你在公司已经工作这么多年了，现在招个人对你来说还是那么困难，大家对这件事情意见很大，严重耽搁了公司项目进展。所以，你可能不太适合这份工作……"

很多人会为王圆圆感到惋惜，认为老板过于严苛。然而事实上，王圆圆被辞退，关键不在于她没有能力招聘到合适的人才，而是因为她没有明确招聘需求。

优秀的 HR 在接到招聘任务时，首先会思考并明确招聘需求。以王圆圆的招聘任务为例。老板要求王圆圆招聘一名技术部经理的需求可能是：

老板对现任的技术部经理不满意，想换掉；

老板对现在的技术工作不太了解，想增添人手；

老板想敲山震虎，侧面给现有的技术部经理一定的压力；

…………

这些问题是王圆圆没有思考的，因此导致现任经理对招聘的人才不满，并且产生很多消极的想法，如"人力资源部是要换掉我吗""老板是不是对我、对部门、对我的下属有特别不满意的地方""老板想换掉我，那我绝对不会让这个人轻易通过面试""既然想换掉我，那我就消极怠工反抗"……这些负面想法，无疑会影响现任经理在招聘工作中的配合度。

原本只是简单的招聘工作，最后却容易酿成内部矛盾，导致外部招不到合适的人，内部现有岗位上的人才也不作为。这对企业而言，无疑是一次"事故"。因此，我强烈建议每一位招聘官在接到招聘任务、招聘需求的时候，一定要认真思考下面几个问题：

这个岗位为什么要招聘，是要替换现有人员，还是岗位新增？

老板招聘的真正意图是什么，是想敲山震虎，或是当时情绪激动随口一说？

岗位的部门架构、人员组成、岗位职责以及部门工作流程？

薪酬待遇、岗位级别？

秘密招聘还是公开招聘？

…………

明确这些问题，再开始进行招聘工作也不迟。

所以说，王圆圆的老板的命令并没有错，错就错在她没有问清楚老板的真实意图，以至于用人部门消极配合，耽搁招聘工作的进展。当老板和技术部经理互相妥协后，王圆圆自然就成了无辜的牺牲品。

在职场上，高度执行力和无怨无悔的付出都是难能可贵的品质。但是，比这些更重要的是深度思考力和理解能力。毕竟，很多时候，知道"为什么这么做"比"怎么做"更重要。换句话说，方向比努力重要。所以，不要因为着急用人就贸然行事，而是要问清用人部门为什么要招聘，明确他们的需求。这样做，会让你的招聘工作变得更轻松高效。

02

设定标准：定位和公司匹配的人才

为企业选拔合适的人才，其实就好比结婚找对象。找对象之前，你一定会明确自身的需求，并据此设定一个找对象的标准，如对方的身高、外貌、年龄、工作、性格等。只有明确这些标准，才能匹配到合适的对象。否则结婚后，可能会发现双方不合适而经常争吵，甚至离婚，招聘工作也是如此。为了精准定位和公司匹配的人才，招聘之前也要设定人才标准。

在设定明确的人才标准之前，招聘官首先必须明确 3 个问题。

（1）明确公司目前的发展阶段

一家公司从注册伊始到傲立行业，大抵上要经历初创期、成长期、成熟期和衰退期 4 个阶段。每个阶段招聘的侧重点也有所不同。因此，设定人才标准的时候，首先必须明确公司处于什么样的阶段。这样才能匹配适合公司该阶段发展的人才。

例如，企业目前处于初创期，公司的核心任务是"活下去"。那么这个时候业务和市场就变得尤为重要，市场人员的招聘将成为主旋律。同时这些人员一定要具备创业精神、不怕吃苦的精神。也就是说，要倾向于肯吃苦、有创业精神的员工。

（2）明确公司的发展战略

由于公司所处的发展阶段不同，再加上公司管理层的阅历、对市场的了解以及对年度业绩目标的期望等因素，公司会采用不同的发展战略。例如，低成本发展战略、差异化发展战略、集中化战略等。每个发展战略都有不同的优势和特点，因此招聘人才的标准也要根据公司的发展战略制定。

（3）明确招聘岗位要求

人才是否合适关键在于其能否胜任岗位的工作，即是否满足岗位的要求。因此，人才是否满足岗位要求，是人才选拔的硬性标准。

明确这3个问题后，可以据此设定人才标准。正常情况下，满足以下三点就是公司需要的人才。

第一，是否认同公司的企业文化、价值观。

企业文化和价值观是两个看不见、摸不着的东西，却是企业发展的灵魂所在。

那些不认同企业文化、价值观的员工也许工作特别努力，业绩也不错，但骨子里却是"当一天和尚撞一天钟"的心态，不会贯彻公司的使命，积极、主动地完成各项工作任务。当公司遇到发展瓶颈或者举步维艰的时候，他们首先想到的不是和企业共渡难关、同甘共苦，而是弃之而去。

事实表明，只有那些认同企业文化、价值观的员工才会和企业风雨同舟，持续不断地为企业付出。因此，任何大企业在选择人才的时候，最关注的就是员工的价值观。例如，著名电商企业阿里巴巴集团，无论求职者多优秀、多有能力，只要他不认同企业文化和价值观就不会被聘用。大企业都如此重视求职者的价值观，小企业更要以此作为选拔人才的标准。

第二，个人发展目标与企业发展目标是否一致。

只有员工个人发展目标与企业发展目标一致，企业才能获得更好的发展。因此，在设定人才标准的时候，还要明确个人发展目标与企业发展目标是否一致。

首先，要明确企业的发展目标是什么。然后要根据企业的发展目标，来选择合适的人才。但是，由于年龄、性格、性别、履历的不同，很难保证能够选拔出个人发展目标与企业发展目标完全一致的人才。那么，这时候招聘官要做的就是，选择能够认同企业发展目标并愿意为实现目标努力的人才。然后，在今后的管理工作中引导员工，改善员工的目标方向。只有确保个人发展目标和企业发展目标同频，员工才能产生强大的行动力，才能为企业创造更大的价值。

设想一下，如果连目标、方向都不在一个频道上，你还奢望求职者为公司瞻前马后、鞠躬尽瘁吗？这显然是不可能的事情。

第三，是否具备胜任岗位的能力或潜质。

现代企业的分工越来越精细化、专业化、体系化，因此具备岗位所需要的专业知识和工作技能是对求职者最基本的要求。

一般而言，判断人才的岗位胜任能力依据的是岗位说明书和用人部门的明确需求。具体来说，包含以下两个方面的内容。

第一个方面：年龄、专业、学历、性别、工龄、技能等一般性的要求；

第二个方面：部门组织架构、工作权限、外部关系、晋升方向等具体要求。

然而，并不是每个企业、每个岗位都能找到技术娴熟、经验老到的专家型人才。这个时候，求职者是否具备胜任岗位的潜能就变得很重要。我们常常会遇到这种情况：有一些求职者大学刚毕业，缺乏相关经验，但是他们非常努力，而且工作态度端正。这时候，用人部门就可以放宽标准，予以录用。

因此，在衡量人才是否适合企业发展需求的时候，具备胜任岗位的能力或潜力这一点也是关键标准。

对企业而言，只有找到跟公司发展匹配的人才，企业效益才能最大化，发展速度才能更快。因此，招聘官要做的就是明确企业发展阶段、战略、企业文化、岗位知识技能要求等，并据此设定明确的人才选拔标准，为企业在不同阶段，选择、挖掘那些真正适合公司发展需求的人才或潜在的人才。

03

人才盘点：公司现有人力资源状况分析

只有对公司现有人才进行盘点，你才能明确知道公司缺少什么样的人才，进而才能更明确、清晰地开展招聘计划和人员补充计划。如果你没有做人才盘点就匆忙上阵的话，很可能出现的结果是：人招来了，业绩没有增加，成本却增加了。

赤壁之战之前，曹操首先攻下了荆州，得到了善于水战的荆州士兵，并请蔡瑁、张允两位熟悉水战的将军训练不善水站的青徐（青州、徐州）士兵。之后，才开始赤壁之战。

曹操为什么要这么做？因为曹操非常清楚，他原来的军队士兵以青州、徐州的人士为主。他们在旱地上可以百战百胜，但是遇到水战就不行。而现在他们要进攻东吴，此地水路比较多，必须有熟悉水战的士兵。所以他首选必须攻下荆州，"引进"自己需要的人才。

曹操的这一行为实质上就是战前的"人才盘点"。

人才盘点是指对公司现有的人力资源状况进行摸底调查和分析，能够明确公司现有人力资源的优势和不足之处，发掘具备高潜质的人才，并明确公司未来需要什么样的人才。因此，你在正式开展招聘工作之前，必须对人才进行盘点。这样才能清楚地了解公司目前的人力资源状况，更好地开展招聘工作，且更能确保招来的人才能够满足企业的需求。

那么，人力资源盘点应该从哪些方面入手呢？

（1）盘点数量：清楚公司有多少"兵力"

数量盘点是人才盘点的第一步，目的是清楚知道公司目前有多少人。

在进行数量盘点的时候，要对人才进行分类。分类后，要建立表格并利用大数据进行分析。人才分类的方式有很多种，如机构类别、部门、用工形式等，或者可以根据管理人员、现场人员、施工人员、技术人员进行分类。无论采取哪种形式对人才进行分类，其目的都是为了实现全员覆盖，确保没有漏掉的人。这样不仅可以排查出具体人数，还可以排查出用工风险。

一旦清楚地盘点出人才数量，招聘官就可以非常明确地回答老板常说的话：怎么又开始招人了？公司不是有几百号人吗？难道不够用？此外，盘点人才数量，还能够帮助你将来核定各部门、各岗位的编制。

（2）盘点结构："兵力"是怎么构成的

仅仅知道有多少"兵力"是远远不够的，还要知道这些"兵力"是怎么构成的。这就是人力资源盘点的第二步：结构盘点。

结构盘点主要是指各层级、各类员工的比例。该比例主要包含两个方面。

第一个方面：管理层和普通员工的比例。

一般情况下，随着公司业务的发展和规模的不断扩大，管理层员工应被压缩，而基层员工的比例应不断增加。这样做不仅有利于控制人工成本，而且还能够有效激励基层员工。所以，正常情况下，管理层与普通员工的比例应该逐渐减少。

第二个方面：后勤服务人员与直接销售人员的比例。

后勤服务人员与直接销售人员的比例，应随着公司的发展和管理水平的提高而逐渐减小。特别是对一些低成本战略的公司来说，这个比例越低，其成本管理方面才会有更大的优势。

事实表明，一家公司无论其规模有多大，市场占有率有多高，其运营的重点永远是业务先行。也就是说，业务人员的比例一定要绝对高于后勤人员比例。

（3）盘点质量："兵力"质量怎么样

军队为什么要经常训练和演习？因为军队的最终目的是为了打胜仗。训练和演戏都是为了提高军队的战斗力和军人的素质。同样，招聘官在招聘之前也要对公司现有人力资源的质量进行盘点。这也是人才盘点的最后一步：质量盘点。

如何进行质量盘点？

第一步，确定质量指标。

质量指标，即衡量人才质量的标准。一般而言，质量的衡量指标有很多，如年龄、学历、工作经验、行业标识、专业技能水平等。当然，也包含素质指标。人力资源的素质能力是衡量人力资源质量最主要的标准，因此不容忽视。

第二步，对人力资源质量进行评估。

确定质量指标后，要根据确定的质量指标和衡量标准对人力资源质量进行评估。评估结果出来后，可以将结果与历年的评估结果进行对比。通过对比，可以从各个维度清晰地反映出公司人力资源的质量变化情况。

在冷兵器时代，战争的胜负很大程度上取决于兵力的对比，因此双方在开战之前首先要关注的是兵马力量。对招聘工作而言，也是如此。只有明确自己有多少"兵力"，清楚"兵力"结构和质量，才能做出明确、清晰的招聘计划和人员补充方案，以不断优化公司的人力，促进公司不断发展。

04

招聘反思：公司当前招聘情况分析

阿里巴巴集团的创始人马云曾在一次演讲中提到有关反思和总结的话题，他表示："成功的人基本上反思自己的问题居多，失败的人永远在评价别人不给自己机会。"换句话说，凡是能从自己身上找问题的人，懂得自我反思和总结的人，更容易获得成功。做人是这样，招聘更是如此。

因此，在做招聘之前一定要深刻反思、总结问题。只有不断反思、总结问题并对问题进行深入分析，我们才能明白招聘存在哪些问题，公司有哪些优势，进而才能制定出更有针对性、更能满足公司当前需求的招聘方案。

细数身边那些成功的招聘达人，就会发现他们都是善于反思、善于总结的人。那么，站在企业、招聘本身的角度，我们应该如何反思和总结当前存在的问题？

（1）招聘进度为何如此慢

招聘是一个循序渐进的过程，也是一个系统性的过程。从发布招聘信息到人员入职，至少要经历简历筛选、电话邀约、面试、背景调查、录用等环节。在任何一个环节"掉链子"都会导致后面的环节无限制地延长时间。如此一来，无疑会拉长招聘周期，降低招聘效率。这显然是任何招聘官都不愿意看到的景象。

因此，在招聘进度变慢的时候，招聘官一定要深刻反思"为什么招聘如此慢""问题出在哪儿""如何解决问题提升招聘效率"等问题。只有明确这些问题，才能有效推进招聘进程。

（2）公司当前的招聘状况是什么样子

在制定招聘方案之前，招聘官必须清楚地知道公司招聘需求量是多少？分别都是哪些部门？这些部门要招聘哪些岗位？什么时候安排上岗……除了要明确这些问题外，招聘官还要就各部门要招聘的岗位进行总结、分析，明确哪种渠道适合这些岗位的招聘，每天大概能收到多少简历，面试率是多少，以及招聘成本是多少等问题。

总结、分析问题，一方面可以有针对性地解决问题，另一面也能明确哪些问题可以求助用人部门和老板的帮助。唯有全面、周到考虑，才能更好地完成招聘任务。

（3）是否做好了面试的准备工作

在招聘工作中，面试是至关重要的一个环节。如果招聘官没有做好充足的面试准备工作，即便市场人才济济，也未必能招到合适的人。

面试之前，招聘官应反思的问题是：面试的时间是否确定、如何避免求职者放鸽子的现象、面试地点是否确定、面试官是谁、面试的流程和环节有哪些、是否跟用人部门确定时间、求职者是否能记住公司地址、来公司的线路是否明确告知了求职者、是否给求职者预留了准确的联系方式等。

细节决定成败。招聘官反思的问题越细致，做的准备就越充分，越能把握住机会。

（4）定期做过数据分析吗

招聘官几乎每天都要跟数据打交道，每天的简历量、电话量、到场面试量、应聘比、录用比等。这些数据能够非常直观地反映出招聘成果。

但是，招聘官不能仅仅将招聘数据当成自己的工作成果，更应该把数据当成一面镜子，从数据中分析问题，优化招聘方案。一般情况下，从数据中可以分析出"哪个网站招聘效果比较好""什么时间段打电话邀约面试成功率比较高""求职者喜欢什么样的沟通方式"等问题。

数据不仅仅是一串数字，更是我们开启招聘成功之门的钥匙。因此，切不可忽略这些数据的重要性。

招聘的过程，其实就是一个不断发现问题、解决问题的过程。当你真正找不到任何问题了，那就是招聘成功的时候。因此，在尚未招聘成功之前，要做的就是不断反思自己，反思、总结问题，直到找不到任何问题。

05

制定方案：针对需求制定招聘方案

在明确了人才需求，制定了人才标准后，下一步自然是针对需求制定招聘方案。

一个明确的招聘方案，能够让招聘官有条不紊地进行招聘工作，也能够有效提升招聘的效率和效果。那么，对于招聘官而言，要如何才能制定一个高效的招聘方案？

一般来说，招聘方案要包括招聘岗位、招聘数量、到岗时间、招聘渠道、招聘预算等几个方面的内容。当然，具体的方案要根据公司的具体情况以及用人部门的要求而定，方案越详细招聘效果越好。

（1）确定要招聘的岗位

哪些岗位需要用人，这是招聘官在制定招聘方案的时候，必须清楚一点。一般情况下，用人部门缺人的时候，会通知招聘官招聘。这时候，招聘官就要认真记录。此外，招聘官还要留意公司的人才流动，在某个岗位员工辞职的时候，要主动登记信息，确定接下来要招聘的岗位。

确定招聘岗位还要分清主次，即首先要解决关键岗位、急需用人的岗位的人才紧缺问题。

（2）确定招聘人数

确定招聘人数一般是依据公司的年度生产经营计划和岗位的人才需求来确定。我们首先要确定的是公司要实现经营目标需要的总人数，然后再根据各个部门的具体情况确定各个部门的招聘人数。

（3）确定到岗时间

一般情况下，到岗时间在一周或两周内。但是招聘官难免会遇到以下两种情况。

第一种情况，该岗位的员工尚未正式离职。

这个时候就要根据员工的离职日期来确定新员工的到岗时间。一般在员工顺利办完离职手续，交接完工作之后的一周可以安排新员工入职。但也要控制好时间，不要让求职者的等待时间过长以免造成人才流失，不但浪费了招聘成本，还有可能导致岗位工作难以为继的情况。

第二种情况，候选人处于在职状态。

现在"裸辞"的人并不多，绝大多数求职者是"骑驴找马"。那么，遇到这种情况的时候，如何确定到岗时间？这个时候，招聘官要询问候选人什么时候可以入职，然后确定到岗时间。但是这并不是说这个时间完全交给候选人控制，如果岗位急需用人，但是候选人两个月后才能入职，公司肯定等不及。因此，要寻找双方都合适的时间。任何一方时间过长，都可能导致招聘失败。

（4）确定招聘渠道

随着经济的不断发展，行业垂直化越来越清晰。除了一些知名的综合性网站，几乎每个行业都有与自己相匹配的招聘渠道。例如，拉勾网专注互联网行业的职业发展，中国汽车人才网专注汽车行业的人才甄选。

因此，制定招聘方案的时候，要根据行业性质确定合适的招聘渠道。除此之外，还要结合公司的实力、行业、知名度，岗位的特点，选择适合的招聘渠道。

"工欲善其事必先利其器"，选择合适的招聘渠道，会让招聘工作事半功倍。

（5）确定招聘预算

制定招聘方案，自然离不开招聘预算。所谓的招聘预算，即预算整个招聘过程中所需要的各种费用和成本。

很多招聘官会将招聘预算与招聘费用直接画上等号，这其实是错误的。

招聘预算并不仅仅是招聘费用那么简单，招聘预算涵盖了招聘的时间成本、人力成本、办公成本以及费用。

时间成本。招聘的时间成本，是指整个招聘计划需要用的时间，包括招聘的准备时间、发布信息时间、电话通知时间、面试时间、入职办理时间等。

人力成本。招聘的人力成本是指招聘过程中所需要的人员，一般包括招聘专员和用人部门的负责人、招聘专家等。因此，在制定方案的时候，还要确定需要哪些人参加，并要及时告知他们这件事，避免时间安排混乱，招聘工作无法开展。

办公成本。招聘的办公成本指在招聘过程中，所用到的表格以及出差费用等不固定的开支。

费用。招聘费用主要是指与招聘机构合作或者在招聘网站发布信息所要支付的费用。这个费用一般是招聘成本中最高的一项，也是比较固定的一项。

招聘官要注意的是，除了以上这些成本，根据企业性质的不同还会出现其他成本，如外地人员来面试的交通费、食宿费等。这些也是招聘成本。

对招聘官而言，有效控制招聘成本和把控招聘结果一样重要。

在制定好招聘方案后，一定要跟用人部门确认，如果存在问题要及时调整。确认好招聘方案后，下一步就要号召相关人员积极投入其中，以更好落实方案，为企业寻觅到合适的人才。

第 3 章

选择合适的
招聘渠道

招聘渠道，是开展招聘工作的途径。在招聘之前，如何选择合适的渠道，是招聘官必须搞清楚的问题。

01

基层人员的招聘渠道

基层人员如办公室职员、普通销售人员、客服人员等，这类人才对招聘渠道的要求不大，只要能够让他们及时接收到招聘信息即可。那么，针对基层人员，选择什么样的招聘渠道更合适呢？

（1）现场招聘会

现场招聘会是一种传统的招聘渠道。这种招聘渠道有以下三大优点。

优点一：费用不是很高。

优点二：企业招聘官可以和求职者面对面交流（类似于初试），求职者关心的一些基本问题在现场基本都能得到解答。

优点三：面试效率比较高。

尽管如此，相较于其他招聘渠道来说，现场招聘的不足之处也很明显。

现场招聘效果取决于是否在招聘旺季以及主办方的宣传和主办方的知名度、影响力。因此，求职者的数量、质量很难保证。此外，随着互联网、新媒体的盛行，这种方式已经渐渐淡出应聘者的视线。

综合衡量现场招聘渠道的优缺点，我认为这种招聘渠道比较适合一线基层员工。

（2）内部员工推荐

内部员工推荐是指公司将招聘需求明确告知公司的每位员工，然后让他们根据招聘需求向公司推荐合适人才的一种招聘方式。这种招聘方式同样有3个优点。

优点一：成功率高、招聘费用少（几乎零成本）。

优点二：推荐人才的素质、人品、态度和能力基本上可以得到保证。

优点三：可以趁此机会宣传企业文化。

同样，内部员工推荐也有不足之处。

第一，员工认识的人有限，因此人才选择面比较窄。

第二，招聘官在做出决策的时候，还要花费时间和精力考虑推荐者自身的因素。因为推荐者一般会推荐与自己的能力、素质相当的人。

第三，推荐者推荐的都是与自己关系很好、很亲近的人，这样很容易形成"派别""小组织"，导致公司内部不团结；

第四，如果推荐者离职，那么被推荐的人也会受到影响，甚至出现集体离职的现象。

因此，选择这种渠道招聘人才的时候，一定要谨慎。

（3）媒体、广告、电视招聘

媒体、广告、电视招聘也是比较传统的招聘渠道。这类招聘渠道的特点是，招聘信息的接收度、受众面和覆盖面都比较广。例如，我们在地铁、公交车上会常常看到一些招聘信息。这样不仅可以提升公司的知名度，也可以宣传公司的业务。

而这种招聘渠道的不足之处如下。

第一，你可能会收到大量的简历。因此，简历筛选的难度会大大增加。

第二，招聘官的工作量会增加，进而会延长招聘周期。

第三，投递简历的求职者能力、素质参差不齐，会影响招聘效率。

第四，费用相对较高。

如果企业的资金和时间比较充裕，要招聘的人才数量比较多，那么可以选择这种招聘渠道。

（4）网络招聘

随着互联网的不断发展，网络招聘已经成为招聘基层人员的主要招聘渠道。网络招聘渠道有 4 个优点。

优点一：招聘信息可以定时、定向发布，信息发布后可以进行实时管理。

优点二：费用相对较低。

优点三：操作简单。从筛选简历、面试邀请到短信通知，基本上可以一键搞定。

优点四：招聘效率高。一般来说，各大招聘网站都会提供统一格式的简历和邮件，可以降低简历筛选难度，进而可以加快简历处理的速度，大大提高招聘官的工作效率。

而这种招聘渠道的不足之处是：

第一，简历的数量、质量无法保证；

第二，招聘效果会受到网站的知名度、公司排名顺序的影响；

第三，会接收到海量信息、病毒文件、垃圾电话、推销电话；

第四，被求职者放鸽子、爽约的现象屡见不鲜。

网络招聘是深受当今职场人喜欢的一种招聘渠道，但是其招聘成功率比较低。相关统计表明，一些通过网络渠道进行招聘的规模较大的企业每周要接收500~1000封简历。要在这些简历中筛选出合适的人才其难度可想而知。因此，选择这种招聘渠道的时候，招聘官要做好充足的心理准备。

（5）校园招聘

校园招聘是一种特殊的外部招聘途径，是指招聘企业直接从学校招聘各类各层次的应届毕业生。这也是企业常用的基层人员招聘渠道。这种招聘渠道有4个优点。

优点一：极大地提高了企业在高校圈子里的知名度。

优点二：为企业提供丰富的人力资源储备。

优点三：学校往往会提供各种免费的服务来吸引招聘企业，这种方式能明显降低招聘成本。

优点四：可以为今后的校企合作长期输送人才奠定良好的基础。

而该招聘渠道的不足之处是：

第一，应届生理论知识较为丰富，但是实操经验少，短时间内无法为公司创造经济效益；

第二，刚毕业的大学生往往对社会、企业的期望比较高，短时间内可能无法适应社会；

第三，刚毕业的大学生很可能出现眼高手低、心高气傲等工作态度；

第四，企业需要付出更大的成本去培训、培养；

第五，容易出现集体离职的现象。

校园招聘的优点和缺点都比较突出。因此，招聘官要根据企业的发展现状来决定是否采取这种招聘方式。如果企业急需能够立即上手的人才，那么这种渠道显然是不合适的。如果企业考虑的是长久发展问题，那么这无疑是最佳的招聘渠道。

对基层人员的招聘而言，他们基本不会对招聘渠道有过高的要求。他们对招聘渠道唯一的要求就是，能够让他们很容易接收到招聘信息。因此，招聘官在选择基层人才的招聘渠道时，要选择信息覆盖面广、受众群体比较多的招聘渠道。

02

高端人才招聘渠道

高端人才招聘是指招聘职场上的中高端人群，如总经理、副总经理、市场总监、运营总监等。相较于基层人员的招聘而言，高端人才招聘更加困难，因为普通的招聘渠道很难招到合适的高端人才。高端人才招聘渠道通常有以下 3 种。

（1）企业内部招聘

企业内部招聘是指企业出现职位空缺后，从企业内部选拔合适的人来填补这个位置。这种招聘渠道有 4 个优点。

优点一：招聘费用少（几乎零成本）。

优点二：能够激励员工，提升员工士气。

优点三：塑造、宣传公司的企业文化。

优点四：成功率高。

因为申请者对企业文化、管理制度等企业的相关情况比较了解，能够在短时间内适应，并且能够迅速为公司创造经济价值。

这种招聘渠道的不足之处是：人才供给的数量有限。

如果企业内部有非常优秀的人才，且非常适合空缺的岗位，那么这种招聘渠道无疑是最好的选择。

（2）猎头公司

猎头公司是什么？简单来说，猎头公司就是发现、甄选、追踪、评价并推荐高端人才的公司。猎头公司的主要工作就是为需要高端人才的企业客户猎取高端人才。因此，这个渠道是企业最常用也是最有效的高端人才招聘渠道。

这种招聘渠道同样有 4 个优点。

优点一：候选人的行业经验、专业技能等各方面能力可以保证。

优点二：候选人的人品、背景基本上可以保证。

优点三：匹配度高。

优点四：减轻了招聘官的工作量，提升了工作效率。

这种招聘渠道的唯一不足之处是费用高。

一般而言，招聘一个高端人才要支付给猎头公司的费用是人才年薪的 20%~30%。假如人才的年薪是 50 万元，那么单单是给猎头公司支付的费用就不低于 10 万元，如果人才的年薪是 100 万元呢？更别提年薪上千万元的了，那样单单给猎头公司支付的费用就会高达 300 万元。如果不是资金雄厚的大企业，一般企业是无法承受这个招聘费用的。

因此，选择这种招聘渠道的时候，招聘官一定要做好权衡，要确保"钱要花到刀刃上"才行。

（3）行业内专业网站、论坛、社群

行业内专业网站、论坛、社群是互联网时代新兴的企业招聘渠道。在这

些渠道聚集的都是有共同爱好、能力相当的人才。因此，这也是企业招聘高端人才比较合适的渠道。

这种招聘渠道也有 4 个优点。

优点一：根据公司对高端人才的需求，可以有针对性地选择网站、论坛和社群，这样可以提高招聘效率。

优点二：可以通过网络跟对方及时沟通薪资、职位、公司情况等。

优点三：费用相对较低。

优点四：简历的真实度、公司的靠谱度以及候选人的真实性基本上可以得到保证。

但是这种招聘渠道相对单一，而且候选人不能随时与你保持沟通，这将会延长招聘的周期。

因此，选择这种招聘渠道的时候，企业要根据人才需求的紧急程度而定。如果企业需要在短时内招到合适的人才，那么这种招聘方式显然是不合适的。

当然，除了以上 3 种常见的高端人才招聘渠道，还有更多其他的招聘渠道。这就要求招聘官要不断关注市场信息，以发现更合适的高端人才招聘渠道。

虽然说招聘渠道只是挑选人才的途径，而在实际的招聘工作中，它扮演着相当重要的角色。就好比你要回家，一定要找到对的路一样。因此，在招聘高端人才的时候，希望每个招聘官都能站在企业发展以及候选人的立场进行综合考量，选择合适的渠道，为公司匹配合适的高端人才。

03

免费招聘渠道：社交招聘

随着招聘难度的不断加大，传统的招聘渠道已经无法满足招聘官的招聘需求。如何开发出更多、更新颖的招聘渠道已经成为当前招聘官工作的重要课题。随着社交网络不断发展，社交化的免费招聘渠道已经成为深受招聘官青睐的招聘方式。

（1）论坛、贴吧

论坛、贴吧是当下很多年轻人生活、工作的社交平台。如果你仅仅将它们当成一个社交平台来看，那说明你还不具备优秀招聘官的潜质。优秀的招聘官都懂得将这种社交平台变成招聘渠道，用来招聘适合企业发展的人才。

招聘官可以在一些合适的论坛发表招聘信息。一般情况下，在论坛上发布招聘信息不需要花钱。但是，不要到处乱发招聘信息，为了确保招聘效果，最好在跟行业相关度比较高的论坛上发布。而在贴吧上发布招聘信息，则一定要先征得版主（对贴吧某版块进行管理和维护的人）的同意。然后，要编写一些比较有创意的招聘信息，否则很难吸引到比较有个性的贴吧网友的注意。

（2）微信招聘

微信是现代人最常用的一款社交软件。越来越多的招聘官青睐于通过微信进行招聘，而且取得了非常不错的效果。

通过微信公众号招聘。招聘管理系统、移动社交招聘服务商菁客发布的《2018中国移动社交招聘趋势报告》显示：49%的企业已经拥有用作招聘的微信公众号。81%的企业官方微信公众号有求职按钮或功能。

相关调查还显示：72%的求职者会在微信上直接申请职位。求职者可以通过企业微信公众号，找到企业招聘信息入口。在此，求职者可以选择自己有意向的职位直接投递简历。这些操作只需要在手机屏幕上用手指点一点就可以完成，省去了求职者更多的时间和精力，因此更受欢迎。所以说，用微信公众号作为招聘渠道是非常明智的选择。

通过微信朋友圈招聘。刷微信朋友圈俨然已经成为绝大多数人每天必做的事情。因此，借助这种渠道发布招聘信息也是一个不错的选择。

一般来说，微信朋友圈中都是自己的好友，或者见过面、认识的朋友。这样的情况下，发布招聘信息更容易建立信任感。这种信任感会让预约面试变得更简单。除此之外，朋友圈发布招聘信息还有一个优点是，看到这条招聘信息的朋友会将这条信息转发到朋友圈或者直接推荐给合适的朋友。这在无形中就扩大了信息的受众面，进一步提高了招聘效率。

通过微信群招聘。几乎每个人的微信上都会有几个甚至几十个微信群。还有一些行业也会建立自己的微信群，如共享招聘群、人力资源交流群、技术人才交流群、团队管理交流群等。微信群的特征是人才的专业、兴趣比较一致，且采取这种方式招聘比较简单、快速。因此，招聘官可以在这些微信群中发布招聘信息，以招聘到合适的人才。

除此之外，企业也可以创建自己的招聘微信群。创建微信群后，可以将对企业意向比较大，且能力、素质各方面都合适的求职者拉进微信群中。如果有合适的岗位，可以直接从中挑选人才进行面试、筛选、录用即可。

微招聘。微招聘是在H5（前端语言）的基础上实现的一种社交招聘方式。招聘官制作好招聘信息后，可以转发到朋友圈、微信群等。这种招聘非常生动、形象，有图片、声音、职位信息，而且还自带动画样式。这种图文并茂，绘声绘色的招聘方式得到了职场人的喜爱，招聘效果相对而言比较好。

以上 4 种方式，你可以选择其中一种，也可以同时在这些渠道发布招聘消息，这样受众面更广，招聘效果更好。

总而言之，在微信用户基数非常大的社交时代，使用微信招聘是一个非常不错的选择。

（3）微博招聘

除了微信之外，微博也是比较受欢迎的是社交平台。微博发布的 2019 年第一季度财报数据显示，截至 2019 年 3 月底，微博月活跃用户量达 4.65 亿。人才基数大，且微博在针对特定兴趣的人才招聘方面效果比较好。

很多企业已经开通了官方微博账号。它们可以通过官方微博账号发布招聘信息与网友互动。同时，有相关求职意向的求职者也会关注企业的官方招聘动态。相较于其他社交招聘渠道，微博招聘范围比较广、招聘信息及时有效，且跟求职者的互动性更强，这将会大大提高招聘效率。

不过，这种招聘渠道更适用于知名度比较高、"粉丝"比较多的公司。一般小型企业，我不建议选择这种招聘渠道，因为关注的人本来就不多，受众面太窄，招聘效果不会理想。

社交招聘是现代职场人士工作生活化、社会化的产物。在生活、工作闲暇之余，职场精英和白领们也会选择在社交网上"吐槽"，表达自己。因此，社交平台上会聚集各行各业的精英，而优秀的招聘官早就将眼光瞄准了社交招聘渠道。

04

校园招聘会这样做

近年来，校园招聘已经成为企业主要的招聘渠道。这主要是因为，这些即将毕业走上工作岗位的大学生，年轻、有魄力、敢想、敢闯、有态度、服从管理、招聘成本低。但是，很多企业由于没有掌握做好校园招聘会的方法，导致招聘效果不佳。

校园招聘会主要有两种形式：一种是专场招聘会，另一种是双选会。

（1）校园专场招聘会

"专场招聘会"顾名思义，就是本次校园招聘会只有你们一家企业，是学校专门为一家企业组织所有学生前来参加应聘面试的一种就业推荐形式。专场招聘会的优势是：简历集中、招聘专一、无竞争压力、集中面试。

一般而言，一场成功的专场招聘会至少需要达到3个目标：宣传企业，宣传学校，收到足够的简历。那么，如何做一场成功的专场招聘会呢？招聘官可以参考以下几个建议。

第一，提前和学校沟通。

专场招聘会至少要提前一周和学校进行沟通，要安排场地、确定时间。最重要的是，要给学校足够的时间宣传这次专场招聘会，确保到时候有足够多的人参加招聘。人数越多，简历越多，招聘的氛围越好，效果也会越好。

第二，确定好专场"主题"。

确定好专场"主题"，即要明确你要招聘什么样的人才，如财务、建筑或 IT，等等。每个大学都有不同的学院、不同的专业，招聘官在确认好招聘岗位后，要和相关学院和专业的老师对接，这样更容易匹配到合适的人才。

第三，做好充分的准备。

首先，要准备专场招聘的相关资料，如登记表格、简历、相关人员等；其次，要求专场招聘的主持人要准备好演讲稿、PPT（演示文稿）、公司宣传片、主持服饰等。PPT 的内容形式一定要精致，能吸引大学生，而且核心内容一定要呈现出来，如公司的优势、发展空间以及岗位相关的内容。

做好充分的准备，能够让招聘工作更加有条不紊地进行。

第四，让校友、老师给你站台。

人与人之间最大的障碍莫过于"不信任"。因此，如何和学生建立信任是招聘官要思考的问题。对学生而言，在学校里最信任的莫过于他们的老师以及学长、学姐。所以，招聘会如果能请到他们的老师或者学长、学姐为你站台，替你宣传，那一定会有意想不到的招聘效果。如果他们的学长、学姐在你们公司工作且已经晋升到管理层岗位，那么恭喜你，这场招聘会你已经成功了一半。

第五，说说你的建议，为他们答疑解惑。

刚毕业的大学生虽然对工作非常有激情、态度好、敢做，但是他们的不足之处是对职业前景非常迷茫，不知道自己以后能做什么，可以做好什么，对社会上的一切都抱有美好的憧憬和幻想。

在这种状态下，他们更想知道的是职场上的事情，如"找工作应该注意什么""找工作有哪些技巧""如何才能找到合适的工作"等。如果你能够为他们答疑解惑，说明你是一个非常真诚有爱的人。这也说明，你们是一家真诚有爱的公司。对这样的公司，大学生都比较向往。

第六，带领他们参观公司。

耳听为虚，眼见为实。学生们往往会对你的公司以及岗位相关内容的描述产生浓厚的兴趣，很想知道自己以后工作的地方到底是什么样子。所以，如果条件允许，不妨安排他们去参观公司，让他们了解工作环境。如果公司刚好有他们的学长、学姐，那么将带领应聘学生参观公司这件事交给他们执行再完美不过了。这会让他们有回到校园的感觉，会让他们对公司产生亲近感，进而可以提高招聘效果。

（2）校园双选会

校园双选会，是即将毕业的在校生和企业用人单位代表见面沟通交流、达成合作的双向选择招聘会，只有在双方都愿意的情况下才可以签订三方协议。

相较于专场招聘会，双选会具有信息量大、人流量大、简历量大、公开和透明等优势。校园双选会一般会在校园内部举行，参与的企业有几十家乃至上百家，招聘的摊位一个挨着一个。也就是说，你要同时跟几十家乃至上百家企业争抢人才。

那么，企业要如何在众多招聘企业中脱颖而出呢？招聘官可以参考以下几点建议。

第一，晒出你的优势，且一定要是最能吸引学生的优势。

大学生对社会一直都充满着美好的期待。在他们看来，到学校招聘的企业一定是非常靠谱的企业，能够给他们提供高薪水、节假日福利、双休、五险一金、带薪年假、提供食宿等待遇。如果你的企业能够提供以上这些待遇和福利，那就赶紧亮出来，以吸引他们。

第二，要对学生有足够的耐心。

在校大学生的社会阅历、经验都比较少，难免会提出一些不合实际的问题。此时，你一定要保持足够的耐心，不要摆出一副爱搭不理的样子。要知道，现在你是在跟其他企业争抢人才，如果你对待学生的态度不好，等于将人才拱手让人。

第三，参与招聘的人要尽量多，且要穿正装。

前面提到过，招聘不仅仅是招聘官的事情，也是用人部门的事情。在面对众多学生和企业的时候，用人部门最好也安排人员参与招聘会。如果部门负责人有空，最好亲自到场。这样通过现场沟通、交流就能知道求职者的水平，当场就可以筛选出一些合适的人才，甚至可以当场决定录用与否。如此一来，就可以大大减少面试、录用的成本，也会给学生留下企业效率高的美好印象。

在校园双选会现场，企业参加招聘的人数越多，越能彰显企业的实力。穿正装是为了更好地宣传企业美好、专业的形象，以吸引更多的大学生加入公司。

第四，如果可以，让学生现场填写简历。

一般情况下，学生都会自带简历。但是，如果可以，最好让学生现场填写简历。为什么这么做呢？

参与双选会的企业上百家，这意味着学生给你投递简历，也会给别的企业投递简历。这种"海投"简历的方式，会导致他们无法记住自己给哪些企业投递了简历。当你给这些求职者打邀请面试电话的时候，他们很可能会问你"不好意思，你是哪家公司？我投简历了吗？"为了避免这种现象的发生，最好让学生现场填一份简历，以加深他们对企业的印象。

第五，让学校提前做好宣传，让校友、老师站台。

这一点跟校园专场招聘会一样。如果能让学校提前帮助企业做好宣传，并能够找到老师或者校友站台，那一定会取得更好的招聘效果。

事实上，只要掌握了校园招聘会的技巧，无论是校园专场招聘会还是双选会，都不是困难的事情，且都能取得非常好的效果。

在招聘压力日益增大，人才越来越难找的时代，越来越多的企业开始了自己内部的人才培养计划，而校园招聘就是储备人力资源最重要的渠道。所以，希望每个招聘官都能将这个渠道运用得如鱼得水，为企业选拔、培养优秀的人才。

05

不同的招聘渠道需要不同的文案

招聘的硬伤是什么？

招聘的硬伤是收不到简历。无论企业多么优秀，招聘官对待招聘工作多么认真，只要没有收到应聘简历，这一切都是徒劳的。那么，为什么收不到简历？

第一，公司知名度低。

第二，薪酬福利没有吸引力。

第三，公司地理位置不好。

第四，发展空间小。

⋯⋯⋯⋯⋯⋯

不可否认的是，这些都是影响简历投递量的原因。但是还有一个最为关键的原因常常被招聘官忽略——招聘文案。为什么要注重招聘文案？理由有二。

第一，人靠衣装马靠鞍。着装得体的人往往会给人一种轻松、愉悦、舒服的感觉，让人忍不住想靠近。对招聘而言，招聘文案就好比企业的"衣装"。如果能够设计出比较优美、有创意的文案，一定会让求职者对企业产生好感，进而会忍不住想投简历。

第二，招聘文案是求职者了解公司最直接、最简便的方法。通常情况下，求职者最初了解公司都是基于公司的招聘文案。如果招聘文案交代的内容不清楚，没有吸引力，那么求职者基本上会直接将公司拉进"黑名单"。

因此，招聘官一定要注重招聘文案这件事。这里要提醒招聘官的是，不同的渠道需要不同的招聘文案。换句话说，要根据招聘渠道的特点设计具有创意和吸引力的文案。

（1）传统渠道的招聘文案设计

传统招聘渠道的招聘文案比较简单，只要涵盖招聘的关键信息即可。以招聘人力资源主管为例。

公司名称：×××有限公司

职位名称：人力资源主管

工作地点：上海

职位描述：

负责招聘、培训计划的具体实施、跟进和落实；

负责办理员工入职、离职，社保、公积金等相关工作；

负责公司员工工资核算、发放；

落实员工绩效考核，并对绩效考核结果进行汇总、整理；

员工数据库的更新和维护；

上级领导交代的其他事项。

任职要求：

本科及本科以上学历；

3 年以上相关工作经验；

熟悉国家相关法律法规；

熟练运用 Office 软件，有 SAP 系统操作经验者优先。

简历投递：×××@×××.com

联系电话：××××××

传统招聘渠道的招聘文案简单明了，可以让求职者在最短的时间内抓住关键信息，进而可以吸引他们投递简历。

（2）网络渠道的招聘文案设计

相较于传统渠道，网络渠道的信息量要大得多，如果你的招聘文案不具备创意和吸引力，不能让读者看一眼就感兴趣，就意味着你的招聘信息会沉入信息的海洋中，你很可能一份简历也收不到。因此，在网络渠道发布招聘文案，一定要有创意，要能够吸引求职者。

某公司在招聘网站发布的招聘文案如下：

有这样一家公司，不论资排辈，如果你才华出众，那么下一个晋升的就是你；

不钩心斗角，你可以做自己善于且乐于做的事情；

没有烦人的酒局，我们做业务只讲实力；

这里所有的同事都是工作伙伴，帮你学习、晋升、完善自我……

这么好的机会不去？臣妾做不到啊！

招聘岗位 / 岗位要求：……

电话：×××××××

地址：×××××

相对于传统文案，这种招聘文案设计得更新颖、独特和轻松，更能吸引求职者。而且这则招聘文案结合热播电视剧流行台词"臣妾做不到啊！"以"添油加醋"激发求职者的兴趣，让求职者忍不住想投递简历。

（3）社交渠道的招聘文案设计

社交渠道招聘的文案相比网络招聘的文案会更煽情，更能打动求职者。

某新媒体公司的招聘文案节选如下。

招聘主题：如果你想逃离现在无趣又无效的生活。

内容：

如果你是对新媒体行业充满热爱的人，那么非常欢迎你来拥抱我们。我们想和更厉害的人一起工作。新媒体还没死也不会死，与其唱衰它不如我们一起去改变它。

我们是谁？（公司简介）

我们做过什么？（公司的成就和业绩）

我们需要什么样的人？

（年轻人或者心态年轻的人。学习能力强，有高度的职业精神，具有创造力和执行力。以及，一定要热爱新媒体。学历不限、专业不限、性别不限。）

我们需要的职位？（职位及职位描述）

工作地点：北京××路

简历投递邮箱：××@×××com

世界上有太多事情可以做。

做喜欢的事情是好的，跟喜欢的人一起做好玩的事才是最好的。

可能有 97% 的人看到这里已经心动了，但是我们的岗位有限，只会留给更好的人。

首先，这个文案的标题就戳中了求职者的"痛处"，因为在现实生活中，绝大多数人想逃离无趣又无效的生活，这无疑会激发求职者继续阅读的兴趣；其次，内容呈现的形式比较新颖，也能吸引读者；最后一句话"我们的岗位有限，只会留给更好的人"，刺激求职者赶紧行动起来给公司投递简历。

不得不承认这个招聘文案非常成功。

（4）校园渠道的招聘文案设计

要写好一则校园招聘文案，一定要清楚学生的需求，激发他们的兴趣。

以百度 2019 年在浙江大学的校园招聘文案为例。

文案主题：在这里，做自己。

文案内容：

PLEASE CALL ME ALL 新干将（所有新干将请联系我）；

公司职位我都要最棒；

代码功底不遑多让；

前辈为你扫清路障；

兴趣、发展还有生活；

这些好事可以兼得 SKR~（网络用语，是吴亦凡在网综《中国新说唱》中带火的口头禅）

你想，在这里，做自己？

快来百度校园宣讲会。

百度这种招聘文案运用了当下年轻人比较喜欢的"嘻哈"元素，招聘词不仅有趣味，还清楚地传递了公司能够满足的一些需求，能够更大程度上激发学生的兴趣，让他们参与到校园招聘中。

不同的渠道针对不同类型的人才，对不同类型的人才而言，吸引他们的文案类型也不同。因此，招聘官在明确招聘渠道之后，还要根据渠道的特点，设计具有创意的文案。这样才能有效避免"收不到简历"的硬伤出现。

06

"薪酬面议"在任何渠道都要谨慎出现

很多公司的招聘信息中"薪酬"一栏都会写：薪酬面议。事实上，我们不建议这么做。如果招聘官希望招聘效果更好，那么建议"薪酬面议"在任何渠道都要谨慎出现。

为什么很多公司在招聘的时候不直接写具体薪资待遇，而只写"面议"二字？原因无非以下几点。

第一，公司认为将薪酬公之于众后，竞争对手就会以高于该薪资的工资进行人才抢夺，而应聘者往往会选择薪酬比较高的公司，这就会导致公司在人才竞争中处于劣势。

第二，公司担心内部员工，尤其是老员工知道后，会进行比较，导致内部出现矛盾。

第三，公司认为这是一种谈判策略，因为相较于具体工资，"薪酬面议"的谈判空间更大，招聘官能掌握的主动权更多。

…………

如果站在招聘官和公司的角度来考虑，在招聘信息中写"薪酬面议"可以理解，但是站在求职者的角度来看，这并不是一个好的做法。

王红被邀请去一家互联网公司面试文案编辑岗位。去面试之前，招聘官在通知面试的电话里说："薪酬面议。但是放心，一定不会低于你的期望值。（因为王红已经明确告知对方自己的薪资要求，简历上也明确写了。）"

三轮面试下来后，双方都非常满意。最后，到了谈工资的关键环节，王红询问了对方的薪资待遇，结果却让她大跌眼镜。公司给出的工资远远低于王红的期望值，甚至还没有上一份工作的薪资高。而那个承诺过薪资的招聘官淡淡地说了句："不要只看当下。你好好努力，以后的待遇肯定比你的期望值高。"

王红不想听这位招聘官给她画饼充饥，她感觉这家公司特别没有诚意，于是非常爽快地拒绝了这家公司。

其实薪酬高低并不是最关键的问题，关键的问题是，"薪酬面议"这4个字让求职者感觉不到诚意。因此，不管是规模小的创业型企业，还是成长型企业又或是成熟型企业，都不建议你在招聘信息上写：薪酬面议。

具体来说，原因有以下几点。

（1）公司的招聘诚意不高

当看到"薪酬面议"这4个字的时候，求职者的第一反应就是：这家公司的招聘诚意不高。或许他们的本意不是要招聘人才，而是为了看下市场行情，了解下行业薪酬。当求职者大脑中存在这种意识的时候，他们便不会向公司投递简历。

（2）"薪酬面议"不具有竞争力

对求职者而言，他们最关注的除了职位和发展空间，就是薪酬。对企业而言，薪酬也是一种强大的竞争力。但是如果在招聘信息上写"薪酬面议"，就是在委婉地告诉求职者：我们公司的薪酬不是很高。哪家公司不愿意将高薪酬、将自己的实力展现出来，以吸引更多的求职者呢？

在这种没有竞争力的薪酬待遇面前，求职者自然会先考虑哪些"明码标价"的公司。

（3）公司没有完善的人力资源管理体系

一般情况下，公司都有一套完善的人力资源管理体系，其薪酬管理也是成体系的，包括岗位薪资、补助、绩效等。不同的级别，对应不同的薪酬。也就是说，每一个岗位的薪资都非常明确。

而如果公司在招聘信息中写"薪酬面议"，给求职者透露的信息就是：公司没有明确、完善的薪酬管理体系。薪资的高低全凭招聘官或者用人单位的感觉。他们认为你值多少钱，就会给你多高的薪酬。如果你的能力能够达到他们的标准，他们会选择多给一点；相反，则会少给一点。

很多招聘官认为这种方式非常稳妥，可以根据求职者的实际情况来适当调整薪酬，进而以合适的薪酬招聘合适的人才。事实表明，这种做法非常不明智。因为，求职者会认为，这种没有完善的人力资源管理体系的公司，其内部管理很可能出现不公平的情况。这种情况下，求职者一定会倾向于选择有完善人力资源管理体系的公司。

（4）招聘官只是一个执行者

一般情况下，企业的用人决策权掌握在用人部门手里，薪酬则掌握在人力资源部手里。在不违反公司薪酬制度和合理控制人工成本的前提下，招聘官可以根据实际情况灵活谈判薪酬。这样更利于招聘到合适的人才。

但是在实际的"薪酬面议"环节中，当公司给的薪酬和求职者的期望无法达成一致的时候，招聘官总喜欢说："这是公司的薪酬制度规定的，我已经尽最大的努力帮你争取了。"简单一句话，就将自己置身事外。

这种"薪酬面议"实际上就是在告诉求职者：招聘官只是一个执行者，没有话语权，不能掌握薪酬。而作为公司对外宣传的窗口，却无法决定薪酬，这无疑会让求职者认为公司的内部管理比较混乱，进而影响求职者的选择。

所以，我建议公司在招聘信息上清楚地写上岗位介绍、岗位职责和明确的薪酬等主要信息。如果求职者认为自己符合这些要求，薪酬符合自己的期望，那么可以选择投递简历；如果求职者认为自己不符合要求，薪酬也不符合自己的期望，那么可以做其他更好的选择。这样干脆利落的招聘信息既不耽误求职者的时间，也节省了招聘官筛选简历、面试的时间，进而可以更大程度上提高招聘效率。

当然，建议写上明确薪酬，并不是让你写一个明确的数字，因为每个公司的薪酬结构不一样，不可能具体到一个数字。这里的"明确薪酬"是指，你可以写一个大概的薪资区间，并且要标明公司的薪酬结构，如基本薪资＋绩效薪资＋全勤奖＋餐补＋交通补助。这样的薪酬，既能体现公司完善的薪酬体系、竞争力以及招聘官的薪酬决定权，也能表达公司对求职者的诚意，无疑能大大提高招聘效果。

07

简历投递量低，该怎么突破

绝大多数招聘官应该会存在这样的疑惑：招聘信息已经发出去一个月了，为什么收到的简历却寥寥无几。面对这种疑惑，招聘官要如何突破？

（1）选择合适的招聘渠道

不同的行业、企业、职位有着不同的特点。而企业要想收到更多的简历，就要懂得选择合适的招聘渠道。

如果你要招聘的是基层员工，可以选择传统的招聘渠道，如招聘会，网络招聘。

如果你要招聘的是高端人才，可以选择猎头公司。

如果你想储备人才，可以选择校园招聘。

…………

试想一下，如果你想招聘财务总监，你将这则招聘信息挂到某普通招聘网站上，会有人投递简历吗？基本不会。因为一般情况下，高端人才不会选择普通的招聘网站找工作。所以说，选择合适的渠道是招聘成功的基础。渠道不对，花费再多的时间和精力，也不会收到简历。

（2）设置精准的关键词

一般情况下，求职者在网站搜索职位的时候，往往会搜关键词。也就是说，如果公司在招聘信息中，设置的岗位关键词与求职者搜索的关键词匹配精准度越高，企业的招聘信息就越会显示在前面。这样，求职者看到的概率就越高，简历投递的概率也就越高。

因此，在写招聘信息的时候，一定要精准锁定关键词。例如，招聘"文案设计"，那么你的招聘内容一定要有"文案"这两个字。

（3）适当做一下竞价置顶

在百度搜索关键词，查找资料的时候，一般情况下，我们都会点击排名靠前的几条信息，很少情况下，会将所有的信息看完。对求职者而言也是如此，他们在搜索职位的时候，往往只会看排名靠前的企业。也就是说，如果你的招聘信息比较靠后，曝光的概率就比较小，相应地，求职者投递简历的概率也就小。而且，很多求职者往往会认为，排名靠后的企业不是优秀的企业，因此即便他们浏览到企业的招聘信息，也不会产生投简历的欲望。

要解决这一问题，可以适当做一下竞价置顶。竞争置顶是通过竞价来获得职位置顶权限的产品形式，也就是说你需要为此花费一定的费用。如果这种形式能够帮助企业收到海量的简历，那么你花的钱也非常值得。

（4）经常刷新招聘信息

花钱竞价置顶，一定可以带来浏览量和简历量，但是不是每家企业都愿意花这个钱，而且有一些小企业大可不必花这种费用。那么在不花钱的情况下，如何提高招聘信息浏览量和收到的简历量？答案是：经常刷新招聘信息。

招聘网站每天都有海量的信息，一不小心你的招聘信息就会石沉大海。而经常刷新招聘信息，在一定程度上可以提高信息的曝光率。一般情况下，刷新信息的时间以晚上 8 点左右或者早上 8 点左右为最佳。因为这个时候求职者要么刚下班不忙，要么刚上班有时间留意一下新的机会。当然，如果你有空的话可以不定时经常刷新，因为你刷新的次数越多，曝光率越高，能收到的简历也会越多。

（5）重新发布招聘信息或一个职位多个名称

对一般的招聘网站而言，重新发布招聘信息的效果和发布新职位的作用是一样的，排名都可以靠前，可以起到提升浏览量的作用。或者还可以采取"一个职位多个名称"这种方式发布招聘信息，如企业要招聘销售，那么可以发布的招聘职位有销售代表、销售顾问、客户经理等。虽然这些称呼的性质是一样的，但是对不同的求职者来说，他们的理解不一样，或许其中某一个称呼就特别吸引他们。

（6）招聘信息要具有吸引力

要想收到更多的简历，那么你的招聘信息一定要具有吸引力。

首先，最基本的信息要呈现出来，如公司简介、岗位职责、任职要求、薪酬福利等。

其次，招聘内容要有创意。现如今的求职对象基本是"95 后""00 后"，这些人是非常有个性的一代人。他们对工作最大的追求不是高薪酬，而是有趣。如果企业的招聘需求足够有创意，那么一定会大大提高简历投递量。

最后，招聘内容一定要真实。不要为了提高简历投递量而夸大企业的优势，或者把一些不切实际的内容添加进去。如果求职者入职后发现这些东西是虚假的，那么他有很大的可能选择离职。而且求职者还会向身边的人传递企业的这种负面信息，这会对企业的形象造成很大的负面影响。这种得不偿失的事情，千万不要做。

影响简历投递量的因素远不止这几种。这就要求招聘官多洞察求职者的需求，多关注市场信息，以更全面、深入解决"简历投递量低"这一招聘难题。

第4章

筛选简历
并不简单

筛选简历，即从申请职位的所有简历中选择适合企业的简历。这看上去似乎是一件非常简单的事情，但是这里面有很多细节问题。如果不能把握这些问题，很可能会挑错人，给企业带来损失和麻烦。

01

简历的基础信息，是筛选的第一关

有效的简历筛选，是获取合适人才的第一步。而筛选简历的第一关是，对基础信息进行筛选。

筛选简历的目的是，确定求职者与公司招聘职位的匹配程度。记住，这里指的是匹配程度，不是选出最优秀的人才。这里的"匹配"不仅仅体现在工作能力上，更多地体现在个人性格、三观、工作稳定性、职业追求和人生愿景上。但是这些信息并不会直接写在简历上，而是隐藏在基础信息中。因此，要求招聘官在筛选简历的时候，一定要非常用心，要能看懂里面隐藏的"秘密"，才可以为企业筛选出合适的人才。

（1）充分认识和了解招聘岗位的职责、任职资格

认识和了解招聘岗位职责、任职资格对筛选简历来说十分重要。

认识和了解岗位的方式有三种。

一是岗位说明书。公司的每个岗位都有明确的岗位说明书。岗位说明书主要包含两个部分：①职位描述，主要是对职位的工作内容进行概括，包括职位设置的目的、基本职责、组织结构图、业绩标准、工作权限等内容；②职位的任职资格要求，主要是对任职人员的工作标准和行为规范进行概括，包括该职位的工作标准，胜任职位所需的知识、技能、能力、个性特征等。

二是用人部门负责人。用人部门负责人是对招聘岗位最了解的人，他们清楚地知道招聘岗位需要什么类型的人才。因此，招聘官要跟用人部门多沟通，以清楚地认识招聘岗位，了解用人部门需要的人才。

三是同岗位的工作人员。同岗位的工作人员是对工作流程和工作任务比较熟悉的人，招聘官可以通过这些工作人员，大致了解他们这个岗位需要的技能、能力、知识等。但是，要注意的是，同岗位的员工对岗位的认识也许不全面，他们或许并不能全面了解招聘岗位的任职要求。所以，从他们那里获取的岗位信息仅供参考。

以上三种都是了解岗位的方式，但是不要单独使用一种方式，最好将三种方式相结合。这样才能全面、深入地了解岗位，进而能够深入了解用人部门对人才的需求。

招聘官要注意的是，认识和了解岗位的重点是要明确岗位的任职要求，如学历、年龄、专业等。这些是任职的硬性要求，也是筛选简历的关键。

（2）明确什么是合格的简历

一份合格的简历，里面的信息一定是完整的。

一般情况下，简历的基本信息应该包含个人信息、教育背景、工作经历、求职意向、获奖情况、项目经历、自我评价等。简历信息的完整性，能够体现一个人的求职态度。试想一下，如果一个人连简历都不认真做，他会认真对待工作吗？显然不会。

因此，对简历信息不完善，或者简历写得过于简单的求职者，如果不是很着急的岗位，我建议直接剔除。这样你可以花更多的时间和精力，去寻找更为合适的人才。

（3）学会识别简历中的虚假信息

筛选简历的时候，一般我们都会查看那些与该职位紧密度比较大的有用的信息。例如，招聘前台的时候要重点关注的信息是年龄和相貌；招聘司机要重点关注的信息是年龄和驾龄。

但是，简历中除了这些有用的信息外，还会有很多经过巧妙修饰的虚假信息。那么如何甄别这些虚假信息，从而为企业找到合适的人才？

简历中常见的虚假信息有以下 4 种。

第一种，工作时间衔接前后矛盾。同一时间在两个企业工作，或者在校上学期间在一家企业全职，这是最常见的虚假信息，说明求职者在"作假"的时候特别不认真。

第二种，夸大公司规模。明明只有十几个人的小公司却要夸大成几千人的大公司，以提高自己的含金量。要快速识别这种虚假信息，招聘官就要多收集信息，关注相关行业内中大型规模的企业。

第三种，不符合正常逻辑。如果一个求职者在工作履历中写的是曾经任职主管、经理，而现在的任职意向却是一名行政，那么这种信息很大可能是虚假信息。

第四种，全能冠军。只在一家企业担任过行政，对自己的能力描述却是各方面能力都具备。这种"全能冠军"的简历，一定是虚假的。

快速识别虚假信息可以帮助招聘官快速剔除不合适的简历，这样能够大大提高筛选简历的效率。

筛选简历对提升招聘价值和提高招聘效率的重要性不言而喻。而简历的基础信息，是筛选的第一关，因此更要认真对待。这将决定着后续的简历筛选工作，决定着企业能否找到合适的人才。

02

筛选简历最大的忌讳：太相信自己的眼光

我身边有很多这样的招聘官，他们能力强，招聘经验丰富。在外人看来，这样的招聘官不愁招到合适的人。但实际情况是，他们总是抱怨招聘难，为什么会出现这种情况？

德国著名哲学家亚瑟·叔本华曾说："最强有力的阻碍人们发现真理的障碍，并非是事物表现出的、使人们误入迷途的虚幻假象，甚至也不直接的是人们推理能力的缺陷，相反，是在于人们先前接受的观念，在于偏见。"能力强、经验丰富的招聘官之所以也招不到合适的人才，正是因为工作中积累的偏见。换句话说，他们很容易被工作中的经验绑架。这就会导致他们在筛选简历的时候过于相信自己的眼光，认为自己看人很准。

这种盲目自信的态度，是筛选简历的最大忌讳，会严重影响简历筛选的效果。因此，招聘官一定要注意改正这一点。那么，有哪些原因会导致招聘官的"盲目自信"呢？

（1）太相信岗位说明书

一般情况下，为了方便招聘，用人部门都会给招聘官提供一个岗位说明书，内容是岗位的基本工作职责和任职要求。很多招聘官在拿到岗位说明书的时候，并不会对其进行深层次的分析和理解，只会略微地看一下，大概了解一下；而有的招聘官会生搬硬套严格按照岗位说明书筛选简历，只要简历的内容有一点和岗位说明书的要求不符，就会直接被剔除。

如果不是知名度很高、福利待遇非常好的公司，采取这种方式筛选简历，你将很难招到合适的人才。

（2）太相信学历

绝大多数招聘官在筛选简历的时候倾向于学历高的人，他们认为学历高的人一定是聪明能干的。事实上，学历跟一个人的能力、人品很多时候不能画上等号。因此，作为企业的招聘官，一定不要陷入这种误区，要有自己的认识和看法。

在筛选简历的时候，不要看到学历一栏的信息跟招聘要求不符合，就直接将这份简历剔除。你应该花点时间看下其他信息，如果该求职者的其他成绩非常突出，且在该领域取得了非常不错的成就，那么你就要考虑适当放宽学历要求，以免错过人才。

（3）太相信自己的"识人"能力

很多招聘官会犯类似的错误，他们认为自己经验丰富、阅人无数，凭借自己的"识人"能力，一定可以筛选出合适的简历。但是这种做法是致命的。

虽然招聘官见识了很多人，积累了很多招聘经验，但是这并不代表招聘官的见识非常全面。仅凭个人主观意识去判断一份简历合不合适，无疑会让企业与合适的人才擦肩而过。

（4）太相信所谓的"大公司"

每个行业都有自己的标杆，都有行业内非常知名的公司。因此，很多招聘官在筛选简历的时候，非常关注在知名公司工作过的求职者。甚至有很多招聘官，将这一点作为筛选简历的关键，认为求职者都在这么大的公司工作过，一定不会差。

当然，不可否认的是，大公司的确非常能够锻炼一个人。但是，并非在大公司的每一个人都是有能力的。不排除这样一群人，他们挤进大公司只是为了"镀金"。这样的人即便在大公司待了很久，能力也不会提升。所以，筛选简历的时候不要只把眼光盯在"大公司"上。我们要找的不是在大公司工作过的人，而是适合我们企业发展的人。

筛选简历是招聘工作中的关键环节，简历筛选效果直接影响着招聘的效率和效果。为了确保能够筛选出高质量的简历，招聘官一定要深刻理解用人部门的需求以及公司发展的需求，要从实际出发，不要太相信岗位说明书、自己的"识人"能力、"大公司"、高学历等，要更关注求职者的个人能力、成就、成绩等。唯有这样，才能更加全面地认识人才，进而为公司匹配到适合目前发展阶段需要的人才。

03

简历中的模糊字眼，一定要认真看

很多招聘官会存在这样的疑惑：为什么简历中求职者的各项专业技能、知识、能力都很强，但是在实际的工作中，他似乎并不专业，且产出的绩效也与期望不符？导致这一问题产生的关键原因是，招聘官忽视了简历中模糊的字眼。

大部分企业在筛选简历的时候，对候选人的工作经历、工作表现以及学历的真实性尤为重视。而恰恰在这几个方面，求职者会用模糊的字眼描述。他们之所以这么做，无非是想提高自己的含金量，让自己的简历能够顺利通过。但是这种不诚信的行为，是不值得提倡的，企业也绝不会允许这种不诚信的人加入。因此，招聘官在筛选简历的时候，一定要认真看那些模糊的字眼。

（1）"工作经历"中的模糊字眼

国内顶尖人力资源背景调查服务机构全景求是调查显示，在简历的虚假信息中，工作经历占的比例最高，高达 76%。这一数据表明，很多求职者会用模糊的字眼描述自己的工作经历。

最常见的是工作的起止时间与实际不符。这种"不符"有两种情况。

第一种是扩大工作时间范围。 例如，求职者是 2018 年 7 月毕业，但实际参加工作是 2018 年 12 月。而简历中写的是 2018 年 7 月开始工作，无形中增加了 5 个月的工作经历。

第二种是将时间较短的工作经历拼凑在一起。 如2017年12月—2018年2月在甲公司；2018 年 3 月—2018 年 6 月在乙公司；2018 年 7 月—2018 年 11月在丙公司，而简历中显示的是2017年12月—2018年11月在丙公司。这样就看不出来一年换了三家公司的真实情况。

因此，招聘官看到此类信息的时候，一定要认真看，尤其是遇到模糊的字眼时，一定要认真审查。具体要明确的信息是：

第一，在原来公司工作的时间要明确，一定要精确到月份而不是年；

第二，原来的公司要有全称；

第三，在原来公司担任的职位以及职位描述；

…………

如果求职者简历中描述以上这些信息的词含糊不清，那很大可能存在造假行为。对这类简历，可以直接剔除，避免给招聘工作带来麻烦。

（2）"学历"中的模糊字眼

仅次于"工作经历"造假的是"学历"造假。

很多企业有明确的学历要求，如本科、本科及本科以上等。如果无法达成这一硬性条件，简历就会被直接剔除。为了避免自己的简历被直接剔除，很多求职者会模糊自己的教育背景。

例如，有一些求职者在写教育背景的时候，不会直接标明大学教育的起止时间，只会简单写上学校的名字，或者写错教育背景的时间。例如，简历上写的毕业时间是 2018 年 7 月份，但是大学教育背景的起止时间是 2016 年 9 月—2018 年 7 月。按照一般本科来说，全日制本科要读 4 年。因此，这种信息就是错误的，也可以说是虚假的。

（3）"工作表现"中的模糊字眼

工作中的表现，即在上一份工作中你认为自己表现如何，你获得了哪些成就。

很多求职者在填写这一栏的时候，会写"表现非常出色""为企业做出了很大贡献"等。虽然这些主观信息不存在真假，但是这种盲目自夸、虚夸的信息从侧面反映出求职者有点自视甚高。

一般情况下，认真、诚信的求职者写"工作表现"时会尽量量化自己的表现，如获得了多少次奖励，创造了什么样的业绩，得到了多少证书等。相比含糊不清的工作表现，这种量化的信息更能让招聘官看到求职者的"能力"。因此，招聘官要注意的是，对那些没有量化而含糊其辞的"工作表现"，一定要擦亮眼睛审查。

筛选简历是一件非常重要的事情，是招聘的基础，也是招聘理想与否的前提。因此，招聘官在筛选简历的时候，一定要认真审查，尤其是对那些存在很多模糊字眼的简历。如果招聘官能多花一些时间来识别这些模糊的字眼，就能为后续的招聘工作带来很多方便。

04

这样的简历，明显就是不合适

你是否在招聘工作中遇到过这样的情形：

遇到一个求职者，从学历、履历、经验各方面来看，都非常符合公司的用人标准。但是用人部门看不上，认为不合适。更让你不能理解的是，求职者来公司面试了，双方交流得也非常愉快，求职者也有意向加入公司，但是用人部门的最终决定是不予录用，理由是：不适合公司目前的发展需求。

面对这种情形，招聘官一定会感到疑惑和不解。很多招聘官会认为用人部门过于挑剔，并会因此去找用人部门理论。如果你也遇到这样的情形，我建议你不要去找用人部门理论，而是应该为此感到高兴。为何这么说？

我们先来看一个案例。

丽丽在一家环保公司担任人力资源部经理。公司规模中等偏上，在业内也小有名气，但是公司的招聘并没有因此而顺风顺水。

公司产品测评部需要招聘一名主管，但是招聘工作进行了一个月也没有遇到合适的人才。用人部门屡屡施压，丽丽为此事急得焦头烂额。

终于，经过朋友的推荐，张先生的简历出现在丽丽面前。从简历上看，张先生的学历、履历、平台都很符合公司的用人标准，而且张先生也欣然接受了公司的面试邀请。

无论是初试还是复试，双方都聊得非常愉快。用人部门负责人对张先生的工作履历、专业技能等流露出赞许的目光，张先生也对公司很满意。

丽丽心想：这个人条件这么好，双方又谈得那么投机，总应该留下吧。正在她暗自窃喜的时候，用人部门负责人却说："张先生很优秀，但是不适合我们公司，暂时不能录用，再看看其他求职者吧。"

听完用人部门负责人的一席话后，丽丽脸上满是不解的表情。

于是，用人部门负责人详细解释了这件事：

"我知道你对此有些不理解，也知道你们招聘工作的不易。但是我们需要招聘的是能适合公司的发展、能跟公司一起成长的人，是发展规划、个人理念与公司相投的人，而不是非常优秀的人。

"张先生很优秀，在之前的公司担任的是产品部经理，薪资水平是10000 元，而我们公司提供的职位只是主管，薪资不到 7000 元。你想一下，他会选择入职吗？

"当然不排除特殊情况。那么假设他会入职，当下的情况是：目前职位的薪资明显不如他之前的薪资。这一定会让他产生心理落差。这个落差会伴随他在公司的每一天，会影响他的心情，进而会影响他开展工作。如果他的心思不能完全放在工作上，最终他还是会选择主动离开，去找一个职位更高、待遇更好的公司。那我们的作用就是，为别人做跳板或者嫁衣。而且到时候，你们还是要花时间、精力和财力重新招聘。这对公司来说，也是一笔不小的损失。

"与其这样，不如直接不予录用。这样既不耽误公司发展，大家还能做朋友，这不是更好的选择吗？"

听到这里，丽丽一时语塞。她万万没有想到，这个平时只会给自己施加压力的用人部门负责人竟然能够考虑得如此周到，不由得对他产生了敬佩之情。

不可否认的是，有很多像丽丽这样的招聘官。他们在筛选简历的时候，只关注对方的条件是不是符合公司的用人需求，对方是不是足够优秀，而忽略了求职者过往的平台、履历、薪资水平、期望、发展规划等。换句话说，招聘官忽略了求职者的需求。

招聘是一个双向选择的过程，你在选择人才的时候，人才也在选择你。只有同时满足双方的需求，企业才有可能招到合适的人才。因此，在筛选简历的时候，招聘官不仅要关注企业的需求，更要根据求职者的过往工作平台、薪资、履历、期望等挖掘求职者的潜在需求。如果双方需求能够匹配，就可以通知面试。如果不能匹配，即便再优秀，也要果断放弃。

05

跟猎头顾问学习筛选简历

业界对猎头顾问的评价是：速度、干练、对结果负责、对质量负责、对公司负责。在招聘工作中，他们总是能够以最快的速度给客户公司匹配合适的候选人。他们的工作效率之所以这么高，除了对公司的了解以及丰富的人才储备外，更离不开他们独特的简历筛选技巧。因此，提高简历筛选的效率，不妨跟猎头顾问学学如何筛选简历。

（1）跳槽职位的连贯性，远比名校背景更重要

为了追求更好的发展，频繁跳槽对一些职场人士来说是司空见惯的事情。但是，招聘官一定要对跳槽职位的连续性重点关注，因为这对筛选简历而言，远比名校背景更重要。学历代表的是过去，而职位的连贯性代表的是

未来。

　　例如，求职者在上一家公司担任的职位是运营部经理，跳槽之后到下一家公司是高级经理或运营总监，那说明跳槽职位连贯性比较高。这类求职者在该领域的专业技能和知识都有保证；如果求职者在上一家公司担任的职位是运营部经理，跳槽到下一家公司的职位是销售，再跳槽到下一家公司的职位是财务，那说明跳槽职位的连贯性比较低。这类员工看上去拥有很多技能，但是每一个技能都不精通，而且对工作没有耐心。一般情况下，猎头顾问会直接剔除这类简历。

（2）过往的平台和担任的职位

　　猎头招聘的职位一般都是中高端职位。这些职位往往比较看重候选人过往的平台以及担任过的职位。如果是同行业、同等规模、同样的职位出来的候选人，往往会受到猎头的欢迎以及优先考虑。因为行业和圈子并不大，他们对对方公司的情况也比较了解。在行业、规模、职位相同的情况下，如果对方公司的口碑还不错，推荐这样的人才更容易成功。

　　这一点也是招聘官在筛选简历的时候，需要向猎头顾问学习的。招聘官在筛选简历的时候，不要只关注求职者的工作经验的多少，更要关注其过往的平台以及担任过的职位。这样更能明确他是不是符合公司的招聘需求。如果行业和职位与招聘岗位差别过大，则可以直接剔除。

（3）候选人过往的业绩

　　无论是什么岗位，证明一个人能力最好的方式就是曾经取得的工作业绩。因此，猎头顾问在选拔人才的时候，往往会根据候选人过往的业绩来进行岗位匹配。候选人过往的业绩，很大程度上决定了他未来会给企业创造多少利润。因此，招聘官在筛选简历的时候，也要关注这一点。

（4）猎头很在意年龄的逻辑以及匹配性

通常情况下，不同年龄段对职业的规划不同，而且很多企业招聘人才的时候有非常严格的年龄要求。因此，猎头顾问往往会参照"人在不同年龄段有着不同的特定需求"对人才进行筛选。

第一个年龄段：25 岁之前。在工作上的需求是，寻求一份好工作。

第二个年龄段：26 岁 ~30 岁。在工作上的需求是，个人定位与发展。

第三个年龄段：31 岁 ~35 岁。在工作上的需求是，有较高的收入。

第四个年龄段：36 岁 ~40 岁。在工作上的需求是，寻求独立发展的机会、创业。

第五个年龄段：41 岁以上。在工作上的需求是，追求一份稳定的工作。

当然，以上只是通常的年龄段需求分析，不排除有一些非常厉害的人物，如李一男在26岁的时候，担任华为公司常务副总裁；李靖26岁的时候，空降百度公司，担任副总裁。不过这些人才在工作中是不常见的。

所以，招聘官在筛选简历的时候，可以参考"不同年龄段的不同需求"和企业招聘岗位的需求对人才进行筛选。例如，企业招聘岗位需要的是一名经验丰富稳定性强的人，那么可以找年龄稍微大一点的。

猎头顾问在业界以工作的高效和精准而著名。而要达到这两点，就要求他们必须在短时间内对人才做出评价，要判断人才是不是适合企业的发展，能不能推荐。但是他们都不是天才，之所以能做得这么出色，是因为他们掌握了筛选简历的一些规律。所以，不妨向猎头顾问学习以上几种筛选简历的方法，假以时日你也可以成为像猎头顾问一样高效的招聘官。

第 **5** 章

邀约电话应该
这么打

打邀约电话看似非常简单，却会深刻影响求职者参加面试的决策。因此，切不可把邀约面试电话当成简单的聊天，一定要掌握电话邀约的方法和技巧，确保能够成功邀约到合适的人才。

01

电话邀约要讲究"天时、地利、人和"

面试邀约电话不是简单的聊天，其目的是邀约面试者来参加面试。从某种程度上说，邀约电话沟通效果的好坏，会直接影响求职者参与面试的决策。为了确保能够成功邀约求职者参加面试，招聘官需要掌握一些电话邀约技巧。

古人做事讲究"天时、地利、人和"，电话邀约也是如此。

周一下午快下班的时候，一位招聘官在同行的社群里发出这样的牢骚："不就是约你面试吗，不来就算了，还摆那么高的架子，我又不欠你的。"社群里的朋友纷纷追问发生了什么事情，招聘官接着详细描述了事情的经过。

周一上午，他给求职者打电话邀请面试。但是电话打了两遍都没人接，第三遍的时候对方竟然直接把电话挂了，且没有给他任何回复。所以对这件事情，他感到非常气愤。

因为给对方打了三次电话对方没接就断定该人素质不高、喜欢摆架子是肯定不对的。招聘官之所以这么想，是因为他只站在自己的角度思考问题，他没有考虑也许对方正在忙，没有时间接电话，或者在医院看病人不方便接电话等。所以说，电话邀约是否能成功，关键在于你打电话的时候是否讲究了"天时、地利、人和"。而在"天时、地利、人和"3个因素中，最关键的是"天时"，即要在对方方便的时间打电话。

那么，什么时候打邀约电话比较合适呢？

（1）不要在周一上午给求职者打电话

周一，是新的一周的开始。一般情况下，企业都会在周一上午开例会，有可能是全体会议，也有可能是管理层会议或者部门例会。无论什么类型的会议，都禁止接打电话。因此，周一上午不适合给求职者打电话。即使对方接了你的电话，也会因为你影响他开会，而对你以及公司产生不好的印象，进而会影响邀约面试效果。

（2）根据求职者的工作性质，选择合适的时间

很多求职者在投简历的时候还处于"在职"的工作状态。因此，在给他们打邀约面试电话的时候，一定要根据求职者的工作性质来选择合适的时间。

第一类，工作比较忙的人，比较适合在中午或者晚上10点之后打电话。

不得不承认，有一些职位工作的确非常忙，几乎没有多余的时间接电话。这些职位的典型代表是：程序员和高层管理者。

程序员一般都是资深的技术"宅男"，他们几乎每天都在忙着敲代码。稍不注意敲错一个代码，就会影响他们整个项目的进度。而且他们常常需要为了赶项目进度加班，基本上只有中午吃饭的时间或者晚上下班的时间属于自己。也许晚上他们还会加班到很晚，所以在晚上10点之后打电话，相对而言比较方便。

高层管理者也是比较繁忙的人。他们身居要职，每天的工作不是在开会

就是在跟领导谈话，或者在跟下属交代任务。一般情况下，你白天给他打电话，被直接挂掉的概率非常大。晚上的话，他们忙完工作在家相对比较轻松、悠闲。这个时候，他不但有时间接电话，而且比较方便，因为任何一个高层管理者都不想让其他人知道他在寻找下家。

第二类，工作时间相对自由、工作相对比较轻松的人，基本上可以随时联系。

一般而言，销售岗位是时间比较自由的人。他们的工作是在外面跑市场，即便在办公室也不会太忙，所以可以随时接听电话。

除了销售员之外，时间相对比较自由的是财务、行政以及人力资源等岗位。如果没有面试、开会等事情，他们也可以随时接听电话。

第三类，上午工作比较忙的人，适合下午打电话。

例如，文案、策划、运用、设计等岗位一般上午的工作量比较大。因为这些岗位的工作需要灵感和精力，而上午的灵感和精力相对来说比较好，因此他们的工作都会集中在上午。所以选择在下午打电话比较合适一些。

（3）最好的打电话时间段

如果无法确定什么时间对求职者而言比较合适，那么就在最好的时间段选择一个时间打电话。

权威人力资源机构的调查数据显示，打面试邀约电话效果最好的时间段有 3 个。

上午：10：00—11：00（整理上午的工作）。

下午：3：30—17：00（基本上结束了一天工作）。

晚上：8：00—10：00（结束了一天的工作在家休息）。

一般情况下，在这几个时间段打邀约面试电话的成功率比较高。但是这里要提醒招聘官注意的是，如果在这些时间段打电话也无人接听，那么不要一直打，我们可以给对方发一条微信、短信或者邮件，自报家门，说明来意。并在最后说明，如果方便请回电话。这样对方看到微信、短信或邮件就会明白你的意思。如果对方给你回电话，说明他有面试的意向。如果没有回，你可以继续联系其他求职者。

打面试邀约电话不是招聘官什么时候想打就什么时候打。打电话的目的是邀请求职者来面试，所以一定要关注对方的时间是否合适。只有在对方方便的时间打邀请电话，你才有可能邀请到对的人。

02

电话邀约之前，做好准备工作

任何一件事情要想取得成功都要做好准备工作，打邀约电话也是如此。

一年的五一放假期间，我跟朋友张娟约了一次聚会。聚会期间，张娟跟我分享了一件事，让我感到既惊讶好笑又无奈。

那天，她预约了 10 名求职者到公司面试，面试的岗位有销售、财务、技术等。面试时间从上午排到了下午，而且与用人部门也做好了对接。张娟心想：10 个人最起码可以留下 3 个人。想到这里，张娟不由得沾沾自喜。

正在张娟为自己的工作感到得意的时候，令人尴尬的事情发生了。从上午 9 点到下午 5 点，仅有俩人过来参加面试。更加尴尬的事情是，不来的求职者连招呼都没打。这样的局面让用人部门非常气愤，也让张娟无地自容。

相信很多招聘官遇到过类似的情况，并且也为此感到非常困扰。导致这种情况出现的原因：一部分是求职者自身的问题，另一部分则是招聘官的问题。对招聘官而言，要想解决这个问题，提高邀约面试的效果，就必须在电话邀约之前做好准备工作。

（1）电话邀约之前，先收敛自己的情绪

招聘官在工作中总是会遇到很多不顺心的事情，如收不到简历、简历不合格、电话打不通、没人来面试、被求职者放鸽子等。这些事情无疑会让招聘官产生一些负面情绪。但是，如果在打邀约电话的时候，带着这种负面情绪，很容易会让自己显得特别不耐烦、有情绪，进而会影响对方的情绪，最终无疑会导致对方不想来参加面试。

所以，无论在工作中遇到什么问题，都要学会管理自己的情绪。即便非常难过，在打邀约电话的时候也要克制住，打完电话之后再寻找合适的方式发泄也不迟。这才是一个招聘官对待招聘工作的正确态度。

（2）熟悉求职者的简历

在给求职者打电话邀约面试之前，你应该把他的简历内容熟记于心。如果内容太多，实在记不住，可以在打电话之前，把简历放在手边。这样做的目的是，在与对方沟通的时候，可以简单跟对方聊聊专业、爱好、自我评价等内容，进而拉近跟求职者之间的距离，促进邀约成功。

（3）向求职者说明简历来源

一般情况下，打邀约电话的时候，首先要自报家门，说明自己的公司以及来意。然后要明确告知求职者他们的简历来源，即要让他们明确知道你是从什么渠道获取他们的信息的，以打消他们的疑虑。

现如今求职者的自我保护意识特别强。一般情况下，在接到邀约电话的

时候，他们会询问你在哪里看到他们的求职信息，如果你说不上来，很可能对方就会立即挂电话，把你拉入"诈骗"黑名单。为了避免这种情况出现，招聘官在打电话之前，就要思考这个问题，并找到解决方案。

如果求职者是在招聘网站上投的简历，那么可以直接说："我在××招聘网站收到您投的简历。"但是还有一种特殊情况，就是求职者根本没有给你家投简历。

事实上，招聘网站上很难收到非常合适的简历。因此，很多时候招聘官会在招聘网站上，根据企业需求搜索合适的简历。那么这个时候，要如何向求职者说明简历来源？很多招聘官在面对这一问题的时候会说："我们是在××网站上搜到您的简历的。"这就是明确告知求职者：你没有给我们公司投简历，我们缺人你可以来吗？显然，这种说法很容易被对方直接挂断电话。

其实完全可以换一种说法，例如，可以说："刚刚××网站向我们推荐了您的个人简历，请问您现在是否还在找工作？""推荐"这个词体现了对求职者的尊重，换个角度看，其实就是在称赞求职者很优秀，符合公司的用人标准。在这种情况下，对方想拒绝都难。

（4）注意你说话的语气

电话交流是声音的交流，对方能听到的不仅是你传递的信息，还有你的语气。而一个人说话的语气，是沟通成败的关键。如果你说话的语气不好，即便对方非常希望加入公司，也会慎重考虑。因此，打邀约电话的时候一定要注意自己的语气。

在打邀约电话的时候，语速要慢，语气要温和，要表达出对求职者的尊重和真诚。一旦求职者感受到你的真诚，他们就会对你和公司产生好感，进而会更加愿意接受面试邀请。

（5）为电话里的简单面试做好准备

打邀约面试电话的目的是邀请对方到公司面试，但是这并不妨碍你在电话里进行简单面试。在电话里进行简单面试，双方可以通过沟通确认一些基本信息。如果求职者对某一个问题不满意，直接拒绝面试，那么可以节省招聘时间和成本，从而提升招聘效率。

（6）想好如果对方答应参加面试，你要怎么说

当求职者答应参加面试后，招聘官要如何结束对话呢？挂断电话也是面试邀约是否成功的关键。很多招聘官在求职者答应面试后，会简单地说一句"好的"就挂断电话。这会让求职者感觉你不礼貌、没有诚意，可能导致的结果是，虽然答应你了，还是会放你鸽子。

为了避免以上情况发生，如果对方答应参加面试，最好在挂断电话的时候温馨提示对方当天需要带的东西或者再次告知公司的具体地址以及交通方式。最后结束的时候可以说："和您的电话沟通非常愉快。在此预祝您面试成功，希望与您成为同事。"这会让求职者认为你是一个非常有礼貌的面试官，是一个非常有诚意的公司。相信一般求职者听到这样的话，都会欣然前往。

（7）面试前打电话提醒

很多招聘官认为，打完邀约电话之后他们就可以安心等待求职者的到来。但是这种想法是错的。因为人都有惰性和忘性，更何况有的求职者接到很多面试电话，他们很可能忘了你的面试邀请。因此，在面试之前有必要打电话提醒一下。

提醒电话可以在面试前一天打。如果是下午的面试，则可以上午打。打电话的时候可以说："您好，明天有一场面试在上午 10 点，不知您是否可以准时过来参加？"如果对方说可以，你可以进一步表达关心说："好的，

明天来的路上注意安全。如果找不到地址可以及时联系我们。"这样既能提醒求职者，又表达了对求职者的关心，他们甚至不好意思不来参加面试。

　　邀约面试电话直接关系到你能否成功预约求职者前来面试，关系到企业能否招到合适的人才。因此，不要将邀约电话当成一次简单的沟通，在打邀约电话之前要了解求职者的相关信息，也要调整好自己的情绪和状态，表达对求职者的尊重和真诚，进而打动求职者，促进邀约成功。

03

准确地识别求职者的潜台词

　　中国人说话讲究委婉，留面子。人们即便想拒绝一件事或一个人，也可能不会直接说"不"，而是会用其他的潜台词来表达，避免使对方尴尬。

　　关于"潜台词"，网络上曾流行过一段有趣的相亲对话。

　　男女相亲，女方想了解男方的经济情况，但是又不好直接询问对方有多少钱。于是女孩灵机一动问男孩："冒昧问下，你们小区停车费多少钱？"

　　男生说："这个我没有关注过……"

　　…………

　　女孩的这句话既不会让对方感觉自己很物质，又委婉地知道了男方家的经济情况，可谓是非常高明的谈话技巧。

　　仔细想想，其实招聘与相亲非常相似。求职者也会非常委婉地表达自己的意思。而有些面试官因为无法准确识别求职者的意思，结果导致沟通不畅，邀约面试失败。

在邀约面试中，常见的潜台词有以下几种。

（1）"我周六去你们公司面试吧"

很多招聘官听到这句话的时候非常感动，认为自己的招聘工作已经成功了一半。如果你真的这么想，那说明你还是一个招聘行业的"小白"。为什么这么说？

因为这句话的潜台词是：公司的作息时间是什么样的？是不是双休？周末需要加班呢？法定节假日放假吗？这说明对方很在意工作时间。这时候你就可以把公司的上班时间、休息时间准确告知对方。如果对方觉得满足他的需求，一定会参加面试。相反，对方则会拒绝你的邀请。

（2）"感觉你们公司氛围挺不错的"

求职者说这句话不一定是夸你们公司氛围好，这句话的潜台词是：公司的企业文化如何？工作氛围好不好？管理制度是否人性化？如果公司的管理制度非常人性化，这个时候就可以明确告知对方："是的，我们公司的管理制度非常人性化，采取的是弹性工作时间，且每天下午都有下午茶。"如果这些刚好满足求职者对人性化管理的需求，他一定会来参加面试。

（3）"我目前的工作挺好的"

招聘官与求职者沟通后，求职者很可能会说："我目前的工作其实挺好的。"这句话显然不是发自内心的。如果对方真的觉得自己目前的工作很好，那么他们就不会投简历找下家。所以，说明对方"话里有话"。

这句话的潜台词是：你们公司开出的薪酬福利与我现在差不多，甚至还没有我现在高，没有达到我的预期。薪酬是否可以再高一点儿？如果招聘官认为薪酬可以商量，那么可以明确地与对方说薪酬可以根据个人的工作表现增加。如果不可以，则要跟对方说："目前已经是公司能给出的最高薪酬。"

（4）"老板或者创始人大概多大年龄"

一般情况下，问这句话的求职者大多是高层管理者或者能力比较强的人。相较于薪酬而言，他们更看重未来的发展前景。而问这句话，并非在意老板或者创始人的年龄，而是想从中获取重要的信息。

这句话的潜台词是：公司是什么时候成立的？公司取得了哪些成就？老板为人如何？当求职者询问这个问题的时候，招聘官可以告知其相关内容。如果老板年轻有为，待人非常好，而且愿景宏大，那么大可将这些告诉求职者，以吸引对方参加面试。

（5）"公司奖金怎么发"

奖金的发放关系到职位、职务、晋升、业绩、绩效考核等。表面上看，这只是一个问题，其实里面涵盖了好几个问题。

这句话的潜台词是：公司有哪些职务？这些职务的薪酬水平如何？公司的薪酬机制是否健全？公司的晋升机制如何？薪酬、晋升是否公平、公正、公开？当然，招聘官不可能在电话里把这些内容讲清楚，但是可以介绍大概的内容，且一定是和求职者面试的岗位相关的、对求职者吸引力比较大的。例如，每个月都有绩效奖金，最高可达 2000 元。

（6）"面试有哪些环节，大概要多长时间"

这句话看似在询问面试流程，实际上并非如此。

这句话的潜台词是：我的时间非常宝贵，还有其他面试安排或者其他事情，希望公司能够合理、准确地安排面试时间。这个时候，你可以询问对方大概什么时间方便面试，安排双方都比较方便的时间为宜。

中国人的说话原则是：话到嘴边留三分，不可全抛一片心。黎巴嫩著名诗人纪伯伦也曾说过："如果想了解一个人，不要去听他说出的话，而要去听他没有说出的话。"所以,在和求职者沟通的时候,不要认为对方说什么就是什么的。你要明确知道,对方说什么不重要,对方这句话背后的潜台词是什么、真实意图是什么才重要。只有明确求职者的真实意图,你才能说对方想听的,进而才能促进沟通顺利进行,实现成功邀约。

04

打完邀约电话,邀约才刚刚开始

很多招聘官在挂掉邀约电话后,认为自己的邀约工作已经结束了,接下来等求职者来面试就可以了。事实上,打完邀约电话,邀约才刚刚开始。换句话说,还有很多与邀约相关的事情等着你去做。

(1)发送邀请面试的短信通知、邮件

在打完邀约电话后,要给求职者发短信或者邮件通知,一方面表达自己的诚意,另一方面是为了确保求职者能够明确面试的时间和地点。

具体来说,面试邀请短信或邮件应该包含的内容有:公司名称、面试岗位、面试时间、公司具体地址、需要携带的资料。此外,还可以加上乘车路线、当天天气、祝福语等。细节做得越好,越能打动求职者。

在这个环节很多招聘官容易忽视的一个问题是,他们只会给成功邀约到的求职者发短信。事实上,对没有接受面试的求职者,更应该发通知短信或者邮件。因为,也许在你打邀请电话的时候对方心情不好或者在忙,说不定看到你诚意的邀请短信后,改变了主意,决定参加面试。

权威人力资源机构调查的数据显示：做到给未接受面试邀请的求职者发面试通知短信的公司的面试成功率，比没有这么做的公司高出10%。这其实是一个相当惊人的数字。当然，公司并不是为了追求数字，而是为了告诉求职者：你来不来没关系，我们都很重视你。人的想法随时会变，你的一个简短的短信或邮件，很可能改变对方的想法。所以，不要放弃任何一个邀约的机会。

（2）添加求职者的微信

微信已经成为人们的主要社交工具之一。因此，为了方便联系，招聘官可以添加求职者的微信。

添加微信，不仅可以方便联系，也可以成为扩充人脉的一种方式。对那些因为时间、距离或者职位原因无法参加面试的求职者，则可以继续保持联系，并且可以不定时向其推送岗位信息，后期很可能你们还有合作的机会。即使以后没有合作，你也借此机会宣传了公司。总之，添加对方微信是一件非常有价值的事情。

（3）整理即将面试的简历以及相关资料

发送通知短信后，要整理面试人员的名单，并要对应面试名单整理即将参加面试的求职者的简历以及相关资料。

整理好相关资料后，招聘官还要就求职者的简历以及电话沟通中对方关注的问题，及时与用人部门沟通，如求职者的基本情况、履历、经验、技能、关注的问题等。当用人部门了解基本情况后，你们要协商如何做好面试安排，开展面试工作。

主动与用人部门沟通，协商面试工作等相关事宜，一是能够表示对用人部门的尊重，二是可以促进面试工作顺利开展，进而可以提升招聘效率。

（4）做面试邀约分析

面试邀约可以清晰地反映公司的知名度、薪酬福利在同行业市场上的竞争力，或者公司外在的整体形象。为什么这么说？

一般情况下，在打邀约面试电话的时候，求职者都会非常关心公司的市场地位、知名度、公司实力、薪酬福利等。他们会根据这些来选择是否前来面试。当然，少部分人因为薪酬或者公司形象拒绝你，这不能说明什么。但是如果绝大多数人拒绝你的原因是公司薪酬不好或形象不佳，那么你就要反思公司存在哪些问题，要如何改进。

所以说，面试电话不只是简单的邀约，它也是帮助公司发现问题的一个途径。因此，在打完电话后，要认真分析失败的原因，下次改进以提高招聘效果。如果招聘官能做到这一点，说明你具备成为一名优秀招聘官的潜力。

对一般人而言，打电话很简单，挂电话更简单。但是对招聘官而言，这两个动作关系到面试邀请的成功与否，或者说关系到整个招聘工作的成败，而且也是招聘官专业度、责任心的体现。因此，不仅要做面试邀请前的准备工作，还要做好邀约面试后的准备工作。只有把整个邀约工作做细致，才有可能邀约到合适的人才。

05

求职者放鸽子的理由

被求职者放鸽子对招聘官而言，似乎是家常便饭。他们对这件事习以为常，但是并不意味着他们不在意这件事，只是他们并没有找到更好的办法解决这个问题。

腾讯微博上曾有一个关于招聘官的话题调查，触动了无数招聘官。

该调查的具体内容是：

作为招聘官的你，最让你揪心、最欲哭无泪、最欲言又止、最想骂人但又不得不平息心中怒火的时刻是在什么时候？

点赞量最高的答案是：被求职者放鸽子的那一刻。

招聘官被放鸽子无非两种情况：一种是面试邀约的时候被求职者放鸽子，另一种则是答应入职的时候被求职者放鸽子。

无论哪种情况，都是招聘官不愿意看到的。那么，为什么求职者总是喜欢放鸽子？这个问题的答案有很多种。下面，我们就对求职者放鸽子的理由进行盘点。

根据求职者常用的放鸽子的理由，可以将他们分为 4 类。

（1）故作矫情

这类求职者在放鸽子的时候，通常会给出以下理由：

我今天心情莫名其妙不好，不想去面试了；

外面天太热／外面下雨了／天太冷了，不去面试了；

和男朋友／女朋友分手了，心里难过，不想去面试了；

昨晚喝多了／睡过头了，不能去面试了；

自己也不知道为什么，反正就是不想去了；

今天没有合适的衣服穿，不想去面试；

…………

很多招聘官在听到求职者这样的理由时，会觉得有些无厘头。因为这些理由都是些无关紧要的理由，完全可以克服。但是不得不承认的是，对有个性的新生代求职者而言，这么说完全符合他们的个性。

（2）喜欢耍大牌

这类求职者在放鸽子的时候，通常会给出以下理由：

公司位置太偏僻，环境不好，不想去面试；

岗位太闲或者太忙，担心容易无聊或身体吃不消，不能去面试；

需要等待面试官超过十分钟的，不可能去面试；

单休 / 没有公积金 / 下班晚，不想去面试；

公司没有人性化管理方式、没有人性化福利，不想去面试；

…………

这类求职者大多数是经验比较丰富的人。他们有了几年的工作经验，能力也还可以，认为自己当下是在挑选工作，而不是工作在挑选他们。只要稍微有不满意的地方，他们随时都会放鸽子。

（3）放鸽子专业户

这类求职者在放鸽子的时候，通常会给出以下理由：

我这边上午 / 下午收到其他公司的 offer（录用通知）了，不用去面试了；

综合对比了下，感觉工资有点低就不去面试了；

综合考虑了下，感觉不太适合公司的岗位，不去面试了；

和家人商量了下，意见不太统一，不去面试了；

今天家里来客人 / 身体不舒服，不能去面试了；

…………

之所以说这类求职者是放鸽子专业户，是因为他们这些理由是拒绝面试最常见的，也是招聘官最无法反驳的理由。

（4）理由非常新奇

这类求职者在放鸽子的时候，通常会给出以下理由：

公司没有微波炉，不能带饭，没欲望去面试；

看了看黄历，说今天不适宜出门找工作，不敢去面试；

坐公交车，身上没零钱了，不想去面试；

你们公司名字不吉利，不好听，不想去面试；

你们公司在 14 层 /18 层，风水上说不吉利，不想去面试；

⋯⋯⋯⋯

这些求职者的理由非常新奇，甚至会让你觉得好笑。但是，面对这样的理由，招聘官除了接受别无他法。

以上这些理由是最常见的求职者放鸽子的理由。对这些理由进行盘点，是为了让招聘官做好充分的应对准备。

虽然说，被求职者放鸽子对招聘官而言是一件非常烦恼的事情。但是换个角度想，这也是一件能够促进招聘官快速成长的事情。虽然这些理由从表面上看似乎有点不可理喻，但是他们之所以拒绝你，除了自身原因外，或多或少是因为公司也存在问题，或者说公司没有特别吸引他们的地方。这时候，招聘官就要思考，公司层面或者自身存在哪些问题需要改进。只有解决这些问题，才能有效降低被求职者放鸽子的概率。

招聘行业曾流行一句话：没被放过鸽子的招聘官，不足以谈人生。所以，不要害怕被放鸽子，这是一个优秀招聘官成长的必经之路。

第 **6** 章

求职者喜欢
这样的面试官

面试是招聘过程中的重要环节。在这个环节中招聘官可以和求职者面对面沟通。但是，面试不是简单的沟通、聊天，招聘官必须掌握一定的面试技巧，才能精准识别人才。

01

面试的第一印象，堪比相亲

心理学中有个效应叫"首因效应"。"首因效应"是由美国心理学家洛钦斯首先提出的，也叫"首次效应""优先效应"或者"第一印象效应"。该效应是指交往双方形成的第一印象对今后交往关系的影响，也是"先入为主"带来的效果。虽然第一印象并不一定正确，但是不可否认的是第一印象往往是最鲜明、最牢固的，会决定以后双方交往的进程。

心理学相关研究还表明，初次见面，45秒就能产生第一印象，主要包括容貌、衣着、姿势和面部表情等，这也是人们在第一次见面的时候都会精心打扮一番的原因。对招聘官而言，为了给求职者展示一个更好的形象，更要注重第一印象。

（1）招聘官以及用人部门的负责人要注意自己的外在形象

参与面试工作的主要人员是招聘官和用人部门的负责人。你们不仅是面试官，更是企业的形象代言人。换句话说，你们的外在形象，将会影响求职者对公司的评价。因此，招聘官和用人部门负责人一定要注意外在形象，在穿衣打扮上要大方得体，说话要注意分寸，以给求职者留下一个好的印象。

（2）提前和用人部门商量好，确定面试时间

一般情况下，面试会安排初试和复试两轮。初试由招聘官负责，复试则是用人部门负责。也就是说，面试工作需要和用人部门配合好。因此，建议招聘官根据实际情况确定合适的初试时间，并和用人部门约定好复试时间。

如果没有约定好时间，很可能出现的问题是，用人部门因为工作忙抽不开身，导致求职者初试结束后要等很长时间才能参加复试。如果等待的时间不是很长，应该不会影响求职者的心情。但是，如果时间过长，一定会让求职者认为你们不重视这件事，进而会对你们产生不好的印象。

（3）给求职者一个轻松的面试环境

前面我们提到了面试环境对招聘工作而言非常重要。因此，面试环境一定要干净、整洁、安静。这是影响求职者第一印象的关键因素。

当然，除了物理环境外，面试氛围也会影响求职者对公司的第一印象。如果招聘官和用人部门负责人在面试的时候过于严肃，营造的氛围过于紧张，一定会让求职者感到压抑，进而产生不佳的第一印象。因此，招聘官和用人部门负责人在面试的时候，不要过于严肃，要面带微笑、语速适中。

（4）善于利用面试的等待时间

一般情况下，求职者到公司填完简历后会有 10 分钟的等待时间，甚至更长。如果只是让求职者干坐在那里等待的话，对方很可能会产生不耐烦的心理，他对公司的第一印象就不会太好。那么如何利用面试的等待时间，加深求职者的第一印象呢？

面对这一问题，有的公司采取的做法是给他们看公司的宣传手册。这种做法当然是可行的。但是现在年轻人都喜欢玩手机，你完全可以把公司的二

维码放在等候区旁边，并提醒他可以关注二维码，告知他里面有公司的职位介绍、互动活动等。这样做，一来可以帮助求职者打发等待的时间，二来可以借此机会宣传公司，是一个非常不错的方法。

（5）面试结束，可以带求职者参观公司

面试结束后，如果时间允许，完全可以带求职者参观公司。例如，可以带他们参观公司的办公区、休息区、荣誉墙等。这样做，也可以给他们留下良好的第一印象。

（6）求职者离开公司的时候，要礼貌送别

在人际交往中，送别礼仪甚至比迎接礼仪更不容忽视。

很多招聘官在迎接求职者的时候，会表现得非常热情。而面试结束后，他们就不管不问了。事实上，这种差别很大的态度，很容易引起求职者的不满，进而会影响他们对公司的第一印象。因此，招聘官不仅要热情欢迎求职者的到来，更要礼貌送别他们。例如，可以亲自或者安排工作人员送别求职者，可以帮助求职者按电梯等。这些工作并不会耽误太长时间，但是一定会给公司的形象加分，更会为招聘工作加分。

在面试过程中，面试官不仅要正确判断候选人的能力，确认候选人是否适合公司的发展，也要注意给候选人留下的第一印象。面试官要清楚地知道，招聘是一个双向选择的过程，即便候选人非常适合公司的发展，但是你给对方留下的第一印象不佳，也会导致你与人才擦肩而过。这对面试官而言，无疑是非常遗憾的一件事。

02

把面试当成一场营销活动

在资深招聘官眼中，招聘就是一场营销活动，而面试是营销活动中的核心环节。

在面试的过程中，求职者可以很直观地感受公司的企业文化、办公环境、工作氛围等。面试结束之后，不论面试成功与否，他们都会对企业进行评价，并且还会在自己圈子里进行传播。如果他们的面试经历不愉快，对公司的评价一定不会太好，进而会影响公司的口碑。相反，如果他们的面试经历非常愉快，对公司的评价很好，他们就会向身边的人积极宣传公司的正面形象。因此，在面试这场营销活动中，要想给求职者留下良好的印象，就要懂得给他们营造愉快的面试体验。

（1）不要什么都说，要学会抓住关键点

营销活动成功的关键是抓住关键点。

例如，你现在是某品牌洗发水的销售员，现在的工作任务是做一场洗发水营销活动，并将洗发水成功推销给顾客。为了实现目的，你要做的是，向顾客传递你的洗发水相对于其他竞品的优势，如你的洗发水是无硅油的，对头皮没有任何伤害等。而不是想到什么说什么，如"我们家的洗发水很香""这个品牌的洗发水一定会让你爱上"这些没有主题的话，只会让顾客迷茫，难以抉择。

洗发水的优势就是这场营销活动的关键点。只要抓住这个关键点，营销效果就不会太差。同样的道理，要提高面试效果，面试官也要学会抓住关键点。

面试官要清楚地知道，之所以邀约求职者到公司面试，是为了更加直接、客观地了解求职者。在这个过程中，要做的关键工作是解除自己心中的疑惑，并结合岗位的特点以及公司的用人标准，判断求职者是否符合企业的用人标准。只要抓住这个关键点即可。

当然，为了缓解紧张的气氛，面试官可以与求职者聊一些轻松的话题，如兴趣爱好等。但是不要聊太多和关键点无关的话题，否则你将无法获取关键信息，无法判断人才是否适合公司发展，进而会影响面试效果。

（2）注重自身形象，深谙公司业务

在一场营销活动中，营销人员的形象以及对公司业务的熟悉程度，决定着营销活动的成败。因为营销人员的形象代表着公司的形象，而其业务熟悉程度代表着其是否专业。因此，作为面试营销活动的营销人员——面试官，必须注重自身的形象，还要深谙公司的业务。

首先，要注重外在形象。在面试之前，面试官要为当天的面试准备一套正装。如果面试官是女士，最好化淡妆；如果是男士，则要保证头发干净、清爽。此外，要注意的是，在面试的时候，举止、谈吐要温和，有礼貌。没有人喜欢一个没有礼貌，说话粗鲁的面试官。

其次，要深谙公司业务，向求职者展示自己专业的一面。如果求职者询问工作内容或公司的相关情况，面试官一脸茫然地说："不好意思，这个我不是非常清楚。不过这个不重要，你入职之后自然就知道了。"这种搪塞的理由其实是非常荒谬的，因为在任何营销活动中，营销人员必须清楚地告知顾客产品的相关信息，这是顾客选择购买产品的前提。而对求职者而言，这也是他们选择是否加入公司之前必须知道的信息。

自身形象和业务能力，是面试官的外在和内在最好的体现。如果你想成为优秀的面试官，那么必须做好这两点。

（3）优秀的营销人员，都会提问

提问，可以激发一个人的想法和需求。这是营销互动中最常用的方法。而面试本身就是一个互相提问的过程，所以面试官更要学会提问。

一般情况下，面试官在面试中提出的问题主要有：

求职动机；

与员工能力、知识、经验等有关的问题；

岗位相关知识；

个人发展规划；

个人的三观问题。

总而言之，提出的问题要跟岗位要求相关。只有这样，面试官才能获取有效信息，以判断求职者是否适合公司的发展。

（4）做好面试的善后工作

面试结束后，为了给求职者留下好印象，面试官还要告知求职者大概什么时候会通知面试结果，并让其耐心等待。

对求职者而言，他们非常在乎薪酬和福利，但是他们也很在乎面试过程中的体验。如果面试体验非常不愉快，即便薪酬福利再好，他们也可能放弃这家公司。所以，在面试这场营销活动中，面试官一定要抓住关键点、注重自身形象、深谙业务并做好面试结束后的善后工作。唯有完善整个面试流程，你才能给求职者带来更好的面试体验，才能俘获他们的芳心。

03

提升面试价值的3个关键

如果说招聘是一门科学，那么面试就是一门艺术。

招聘科学的价值在于通过各种渠道物色到适合企业发展的人才，而面试艺术的真谛在于通过不断的沟通、交流和揣摩，去了解求职者内心潜在的世界，以明确坐在你眼前的求职者是不是你真正要招的人。因此，如何提升面试价值，开展一场高效、有价值的面试，将艺术的真谛真实、完美地呈现出来，成为面试官必须面对的现实问题。

如何提升面试价值？可以参考下面3个小建议。

（1）面试时间，并不是聊得时间越长录取概率越大

在人力资源管理业界中，有一个普遍的共识：面试官在与求职者面试时聊的时间越长，说明他们越有共同话题，求职者被录用的概率也就越大。事实表明，并非聊天时间越长录取概率越大。具体来说，有3个原因。

第一，通过看简历和电话的初步沟通，我们基本已经对求职者的大概情况有所了解。之所以把求职者约到公司，无非是为了明确一些关键问题，如求职者在意的薪酬问题，面试官在意的个人能力问题，进而便于双方做出选择。而这些关键问题，并不需要花费太长时间。

第二，为了缓解面试中紧张、尴尬的气氛，很多面试官在面试的时候，会和求职者聊生活、家庭。面试官最后会发现，求职者在面对这些话题的时

候都会侃侃而谈。但是，这些话题并不能帮助面试官判断求职者是否是自己寻找的合适人才。

第三，英国的一家咨询公司调查的数据显示：59% 的求职者认为，面试的时间控制在 30 分钟左右比较合适。

所以，面试并非聊得时间越长越好。面试官不可以凭借面试时间的长短，来决定是否录用求职者。

（2）面试方法，并不是越专业越好

现如今面试的方法越来越多，如结构化面试、行为面试、无领导小组讨论等。但是不得不承认，无论哪种形式的面试，都不能非常直观地反映出求职者内心的真实想法。而且，这些过于专业的面试方法，不仅会给求职者造成紧张的气氛，还有可能引起他们的逆反心理。

因此，除了一些专业性、技术性的行业之外，建议一般的面试还是采取普通的面试方法比较妥当。这样不仅能够避免求职者紧张，还能够有效剔除一些面试"专业户"。

（3）面试提问，并不是问得越多越好

在正常情况下，在面试环节中，求职者应该是主角，而面试官是配角。但是现实情况截然相反，在面试的过程中面试官总是一直不停地说，不停地问。

我曾见过这样一位面试官。在面试一名会计的时候，带着一种质问的口气和不屑的态度问求职者相关问题。除了这些问题，他还问求职者家住哪个小区。也许面试官是为了获取更多信息，以确保求职者是否适合公司。但是，提问并不是什么问题都可以问。提问太多，很可能会引起求职者的反感。

因此，不要一上来就开始盘问，而是要把舞台交给求职者，让他们尽情发挥。在求职者发挥的过程中，面试官要认真做好记录。在求职者表达结束

后，面试官要将公司的基本情况以及岗位职责做下简单介绍，并提问几个跟公司以及岗位相关的关键问题即可。

面试过程中的提问，重在质量，不在数量。问对问题，能够匹配合适的人才；问错问题，只会让人才离你远去。

对面试官而言，招聘合适的人才是一个系统工程，而且这个工程也是一个漫长且心酸不已的过程。要做好这个工程，就不能完全依赖所谓的专家、专业测试工具，更多的是在面试的过程中不断地探索、交流、沟通，以深入了解求职者内心真实的想法。唯有这样，才能把面试这项艺术的价值无限放大，才能将艺术的真谛完美地呈现出来。

04

一定要避开的面试问题

面试提问对面试官而言，不仅是一种技巧，更是一门学问。优秀的面试官，通过简单的提问就能够快速识别人才。而一般面试官提出的问题不少，却不能快速识别人才，甚至会引起求职者的反感。为什么会出现这种情况？答案很简单，因为面试官问了不该问的问题。

那么，在面试中，哪些问题是一定要避开的呢？

（1）避开隐私问题

很多面试官为了深入、全面地了解求职者的信息，会提出各种问题，甚至在这些问题中会涉及个人隐私。这样的问题，一定会引起对方的反感。因此，在面试提问环节，一定要避开隐私问题。

一般来说，一定要避开的隐私问题有两个。

第一，对方的恋爱情况。很多面试官在面试的时候会问求职者"你有男（女）朋友吗""你们怎么认识的""你们想过去同一家公司吗""你对象为什么会喜欢你""你父母同意你们在一起吗""你对象做什么工作的""你们是大学同学吗"……面试官出于用工成本以及用工风险考虑，去了解对方的婚恋问题无可厚非，这一点求职者也可以理解。但是，提问须点到为止，问得太多，涉及对方隐私，就是提问的大忌。

第二，家庭经济条件。很多面试官在看到求职者的家庭住址或者求职者父母的职业时会问"你家住的小区是本市房价最贵的小区，你家经济条件不错吧""你父母都在这么好的单位上班，你随便找个工作就可以吧""你家境这么好，完全可以不用上班吧"……也许面试官是想了解求职者对待一份工作的耐性、态度，但是这种过于涉及隐私的问题，很可能会让对方转身就走。

（2）避开让人无法回答的问题

面试官出题的形式千奇百怪。当然，提出什么样的问题并没有严格的规定。但是要注意的是，一定要避开让人无法回答的问题。

最常见的让求职者无法回答的问题如下：

"这么热的天你为什么还出来找工作？"

"你眼睛近视吗？你戴什么牌子的眼镜？公司领导不喜欢戴眼镜的人……"

"你在学校不怎么读书吧？"

"你这个星座的人，做事都不认真吧？"

…………

面试官提出这些问题，也许有他的用意。但是，这些问题对求职者而言，根本不知道要如何作答。这会让面试的气氛尴尬，阻碍沟通顺利进行。所以，建议面试官在提问的时候，一定要考虑对方的感受，要提出对方能够回答出来的问题。

（3）避开让人抓狂的问题

在面试的过程中，有些面试官不仅会提出让人无法回答的问题，还会提出让人抓狂的问题。

常见的让求职者抓狂的问题如下：

"如果你走上大街上被非礼了你会怎么做？"

"如果有一天你死了，你希望在墓碑上刻什么字？"

"你认为自己是一个有心机的人吗？"

…………

面对这些问题的时候，求职者根本没有心思冷静回答，甚至听到问题的时候内心就在暗暗骂面试官。所以，千万不要尝试去提问类似的问题。无论你出于什么角度考虑，这类问题只会让求职者对你产生不解和愤怒。最后，即便他们符合公司的要求，顺利通过面试，他们也不会选择加入公司。

对面试官而言，只有避开了一些没有价值的问题，提出更多有价值的问题，才能获取更多有效的信息，进而才能促进面试成功。

05

面试时，薪资应该这么谈

求职者最关心的问题是什么？无疑是薪资问题。

在实际招聘中，招聘能否取得成功受很多因素的影响，如公司的知名度、招聘环境、公司的地理位置、交通便利性、公司的管理制度、薪资等。而薪资是最关键的因素。

因此，和求职者谈薪资成为面试官的必修课。下面为面试官提供几个比较实用、有效的谈薪资技巧。

（1）了解求职者对公司的整体印象以及面试感受

很多面试官在面试接近尾声要谈论薪资的时候，会开门见山地直接问：你期望的薪酬是多少？这样会显得公司似乎很着急用人，希望求职者能够迅速到岗。这种情况下，便会使公司在薪资谈判环节处于劣势地位，从而使求职者占了上风。因此，不建议在面试结束的时候，立马直接询问求职者期望的薪资。

面试结束的时候，最好的做法是，旁敲侧击地询问求职者对公司的整体印象、业务、工作内容以及整体的面试感受。然后从求职者回答的语气、态度中判断其加入公司的意愿。如果对方加入的意愿非常强烈，那么接下来谈薪资的事情就会比较容易。如果对方表达不想加入公司，那么薪资可以直接免谈。

（2）告知求职者面试官对他的印象及其不足之处

面试结束后，求职者最想知道的无疑是面试官对自己的印象以及面试是否通过。这个时候面试官可以适当、委婉、客观地告诉求职者面试情况以及公司对这个岗位的期待和要求，顺便指出求职者的不足之处。

这样做，一来可以给求职者一个"下马威"，杀杀他的锐气；二来展示了公司的真诚，表明公司是诚心招聘。当求职者认识到自己的不足和公司的期待后，就会对公司充满遐想。

（3）再次描述公司的规模、优势、发展前景

求职者在受到面试官的"打击"后，会适当正视自己。这时候，面试官

要做的是继续描述公司的宏伟蓝图、发展规划以及公司的薪酬福利。例如，双休、五险一金、人性化管理等。这个时候，求职者心中会浮现很多想法，对公司更加充满期待。与此同时，也会适当降低自己的预期薪酬。

（4）询问求职者的期望薪资，向求职者明确说明公司的薪酬体系

一般而言，面试结束后，用人部门都会给面试官薪资参考建议，具体的薪酬由面试官负责沟通、确定。

面试官在描述公司的规模、优势以及发展前景后，会询问求职者的预期薪资。求职者则会根据自己的综合实力说出预期的薪资。这个时候，面试官还要向求职者说明公司的薪酬体系。

通常情况下，在经过面试官的"打击"和"引导"后，求职者会相对理性、客观地说出自己期望的薪资区间。面试官则可以在公司薪酬体系内灵活掌握薪资。

但是，这里要提醒面试官注意的是，一定要回避几个忌讳之处。

第一，不要以求职者最低期望薪资为准予以确认。例如，求职者的期望薪资是 4000~5000 元。那么千万不要确定为 4000 元。为什么呢？因为按照最低期望薪资予以确认，一来显得公司没有实力、诚意，二来面试官的价值没有体现出来。

第二，确定好的薪资最好不要带零头，几十、几百的加减没有任何意义，只会让求职者看轻公司。

第三，候选人说出比较"天价"的薪资或者考虑是否加入公司的时候，不要着急、不要反复追问，不妨给他时间思考，也许他下一秒会认为当前的薪资非常合适。

确定薪酬实际上是求职者和公司互相博弈的一个过程。这个过程往往不会一帆风顺。因为，公司肯定希望花最少的钱寻找最合适的人才，而求职者肯定希望拿到比以前更高的薪酬。但是这并不意味着一定会"两败俱伤"。

事实上，只要掌握薪资谈判技巧，懂得避开几个忌讳之处，面试官就可以轻松在博弈中取胜。

06

洞察求职者的肢体语言

人的外在行为都是受心理支配的。换句话说，一个人的肢体动作会"出卖"他内心真正的想法。因此，要想读懂求职者内心的真实想法，就要学会洞察求职者的肢体语言。

面试官张阳阳在面试一名应聘项目总监者，结束时说："您的基本情况我大概了解了，我们综合考虑下，给您答复，感谢您来我们公司参加面试。"

求职者王先生非常疑惑地问："我知道这是委婉的拒绝，可我们才聊了不到 5 分钟，我想知道我哪里没有表现好。"

张阳阳微笑着说："王先生，您应聘的是项目总监，是一个带领 60 名研发人员的项目总监。刚刚我们只是沟通了一个最基本的数据库和脚本问题，可在这个过程中您一直在跺脚、咬嘴唇，表现得非常紧张、焦虑、不自然，甚至略带自负。作为一名已经工作十年的职场人，您的表现让我们感到诧异。面试尚且如此，现实工作中的您只会更让我们感到担心。因此，我们还是有机会再合作吧。"

这是面试官张阳阳与一名应聘项目总监的求职者的面试沟通过程。虽然只是短短 5 分钟，但是张阳阳从中洞察到很多关键的肢体语言，如跺脚、咬嘴唇等。通过这些肢体语言，张阳阳读出的信息是：紧张、不自然、焦虑、自负。如果是一名职场新人，这种表现尚可理解。但是作为已经有十年职场经验的人，这些信息表明专业能力、管理能力欠佳，无疑是不符合公司的用人标准的。

正是因为惊人的洞察力，张阳阳在短短 5 分钟之内搞定了一场面试。虽然没有招到合适的人才，但是剔除一个不合适的人才，就等于是在为公司减少损失。所以，任何一名优秀的面试官，都必须具备超强的洞察肢体语言的能力。

那么，在实际的面试过程中，求职者经常流露的肢体语言有哪些呢？

（1）目光接触

解析：对方勇敢地和你进行目光接触，并且目光友好、真诚、自信、果断，表明对方在认真听你讲话，并且对你的讲话感兴趣。

（2）不做目光接触

解析：沟通过程中，对方尽可能避免和你进行目光接触，并且表现得冷淡、紧张、害怕、逃避等，表明他的履历、简历、业绩等信息有造假的嫌疑。

（3）不停摇头

解析：对方不停地摇头表明他对你说的话不赞同、不相信、感到诧异、不理解，或者他根本没有认真听你讲话。

（4）打哈欠

解析：对方不停地打哈欠，表明对方对你说的话厌倦、没兴趣。如果求职者有这种肢体语言，那么可以考虑尽快结束面试。

（5）挠头

解析：不相信、有点不理解。表明对方对你的讲话内容表示怀疑。

（6）微笑

解析：满意、理解、支持。表明对方在认真听你讲话，并且有意愿加入公司。

（7）咬嘴唇

解析：紧张、担心、焦虑、恐慌。表明对方担心露馅儿。

（8）跺脚

解析：紧张、不耐烦、自负。表明对方对你的讲话不屑一顾，过于自信。

（9）双臂交叉在胸前

解析：生气、不同意。表明对方对你的言辞不赞同，委婉地抗拒。

（10）抬一下眉毛

解析：怀疑、吃惊、不理解。表明对方对你说的话感到诧异。

（11）眯眼睛

解析：不同意、反感、生气，有略带藐视的感觉。

（12）鼻孔张大

解析：生气、受挫。

（13）手抖

解析：紧张、焦虑、不安。表明能力有限或者履历造假。

（14）身体前倾

解析：感兴趣、集中注意力。表明对你说话的内容非常感兴趣，加入公司的意愿比较强烈。

（15）懒散地坐在椅子上

解析：厌倦、放松。紧张之后的休憩，感觉胸有成竹。

（16）坐在椅子边缘

解析：焦虑、紧张。自然的紧张，跟履历造假没关系。

（17）摇椅子

解析：厌倦、骄傲、惶恐不安。有点自以为是的感觉。

（18）驼背坐着

解析：比较消极、没有安全感。表明求职者对自己的能力不够自信。

（19）坐姿笔直

解析：自信、阳光、果断、积极。表明求职者能力可以，是潜力股。

意大利心理学家研究发现，对面部表情而言，厌恶、不满、讨厌等表情主要表现在人的鼻子、下颚、嘴巴；恐惧、担心等表情主要表现在眼睛；悲伤的表情主要表现在眉毛、嘴巴、眼睛；生气的表情主要表现在前额和眉毛上；吃惊、诧异、惶恐不安的表情则表现在脸部的任何部位。面试官可以据此捕捉求职者的情绪状态，以洞察其心理活动，推动面试沟通的顺利进行。

面试是一个双向沟通、双向选择的过程。在这个过程中，双方不仅要通过语言来沟通，也要通过肢体语言沟通，且肢体语言沟通更为重要。只不过因为肢体语言是沉默的，很容易被面试官忽视。然而，那些高追求、高要求的岗位和公司，历来重视面试中求职者的肢体语言，相信求职者最为关键、最真实的信息都藏在这些肢体语言里面，因为这是一个人的本能。

07

警惕你身边的"面试专业户"

在面试工作中，你是否遇到过这样的求职者：

他们会自己准备简历，而且会准时赴约；

他们往往穿着得体、气质出众，第一次见面就给人一种非常舒服的感觉；

无论是初试还是复试，他们都泰然自若；

对面试的问题，他们都能侃侃而谈，回答自如；

无论是他们的专业、履历、理论还是实操，都让你十分佩服；

…………

面对这样的求职者，面试官甚至会产生这样的怀疑：世界上怎么会有这么完美的人，然后，会暗自窃喜遇到了合适的人才。但是，事情总是不尽如人意。当求职者入职后，你会发现他们并没有你想象中那么完美。他们不仅没有为公司创造利益，反而使得公司的业绩下降。这时候，面试官会百思不得其解：究竟为何会造成这一局面？问题的答案很简单，这些人并非你要找的人，他们只是"面试专业户"。

所谓的"面试专业户"是指求职者非常清楚面试流程以及注意事项，甚至知道面试官在面试的时候会提出什么样的问题。换句话说，面试对他们而言已经是家常便饭，他们已经具备了轻松通过面试的能力。面对这样的求职者，即便是面试专家也有可能掉进他们的"陷阱"。

一个周二的上午，应聘人力资源专员的林晓晓参加复试。面试官赵慧前一天向领导推荐说："领导，林晓晓的沟通能力非常强，专业知识很扎实，有在互联网公司工作的经历。她各方面的能力都还可以，与我们的岗位匹配度比较高，而且加入我们公司的意愿也非常高。我安排她明天上午复试，到时候您再详细问问，看看符不符合您的要求。"

人力资源部正是求贤若渴的时候，领导自然非常开心地进行复试。与赵慧的描述一致，从招聘到培训、从面试到入职，林晓晓对这些问题侃侃而谈。整个复试过程，她与领导沟通得非常顺畅。无论是从现场表现还是从专业角度看，林晓晓都是这个岗位的不二人选。

领导当场拍板决定录取她，并通知她第二天就到公司报到。林晓晓也非常开心地答应了，第二天就到公司上班。

出于对林晓晓专业的信赖，领导决定让林晓晓上班第一天就接手面试工作，安排她面试高级工程师。而让领导非常诧异的是，林晓晓在面试的过程中屡屡出错，对求职者提问的方式、态度和语气完全不像一个资深面试官的风范。而且提出的问题千奇百怪，根本不像是在面试一个高级工程师。

回答完这些奇怪的问题后，求职者的表情十分复杂。领导见状赶紧找了一个理由让林晓晓出去，亲自进行接下来的面试，面试才得以正常、顺利地进行，紧张、尴尬的气氛也得到了缓解，双方聊得也非常愉快。

面试结束后，领导开始思考林晓晓面试中存在的问题。领导心想，林晓晓应该是刚开始工作不太适应，所以便没有多说她什么，只是让她慢慢熟悉工作，要专业、用心。但是，事情的发展并非领导想的那样。下午上班的时候，部门的人都为招聘工作忙得焦头烂额，林晓晓却无动于衷，坐在电脑前玩手机。下午快下班的时候，领导安排林晓晓写一篇关于今天招聘工作的总结。看到林晓晓不成文的工作总结，以及一整天的工作状态后，领导郑重通知林晓晓第二天不用来上班了。

就这样，林晓晓又开始了自己的"面试专业户"之路。

相信不少面试官在面试的时候都遇到过林晓晓这样的"面试专业户"。为什么会出现这种现象呢？

在就业压力大的情况下，为了顺利通过面试，一些求职者不得不对自己进行"包装"。但是这些表面上的"包装"难免会被识破。于是，他们就会继续采取这种方式，寻找下一家公司。如此一来，他们就成了"面试专业户"。

面对这种现象，面试官要思考的是：仅凭个人的感觉和经验是无法识别这些被"包装"好的人才的，决定是否录用一个人的时候，录用标准一定是能力、态度、专业、履历，而不是这个人是不是"很能聊""感觉不错"。这些感性的标准会"帮助"你招聘到一个又一个的"面试专业户"。

对面试官而言，能够在面试的时候一眼就识别"面试专业户"，是展现自己面试能力最好的方式。

08

决定求职者是否会加入公司的5个因素

面试的目的是为企业选拔合适的人才。所以在面试的最终环节，面试官要考虑的问题是，决定求职者是否会加入公司的因素有哪些。

在职场中，很多人会说，面试官是最有办法的人。在面试的最后环节，他们会采取各种方式让求职者心甘情愿地加入公司，从而顺利完成自己的招聘工作。事实上，相对面试官而言，求职者的办法也不少。他们常常在面试官通知入职的时候说："我考虑一下，过几天再答复你吧。"这句话像是在拒绝，又像是在给机会。因此，很多面试官在面对这样的说辞时，会感到无措。

那么，当求职者说要考虑一下的时候，他们是在考虑什么？事实上，他们考虑的正是决定他们是否加入公司的因素。一般而言，决定求职者是否加入公司的因素大致有以下 5 个。

（1）公司的薪资是否给到位了

通常情况下，面试官为了留住候选人会给他们"画饼充饥"，如会和他们说"只要你们努力，以后一定会月收入过万元""不要只顾当前的薪资，要考虑长远的发展"等。这些话对在职场摸爬滚打很多年的求职者而言，没有任何可信度。他们不会再相信面试官所谓的广阔发展空间、股份等承诺。相比遥远的未来，他们更希望过好当下。所以，他们首先考虑的是，公司的薪资是不是给到位了。

（2）我真的适合这份工作吗

企业要寻找的是适合岗位的求职者，而对求职者而言，他们也希望能找到适合自己的工作。因为只有适合自己的工作，才能更好地施展自己的才能，自己也才能取得成就并长久地做下去。

也许很多面试官认为，跳槽对求职者而言是家常便饭，认为他们不会在乎工作合不合适。事实上，绝大多数求职者希望自己能够有一份稳定的工作，且能够长久干下去。因为，对背负着房贷、车贷的他们而言，频繁换工作只会不断增加他们的压力。

因此，在找工作的时候，他们会慎重考虑，自己能不能适应新工作，能不能在岗位上发挥出自己的价值和创造力。他们很希望和公司一起发展，为公司创造利益。因为他们知道，只有公司效益好，他们才能拿到更高的薪资。对这样的求职者，面试官应该及时跟进，了解具体情况。如果员工非常适合这份工作，那么就是皆大欢喜的事情。如果不适合也是一件值得开心的事情，因为可以减少彼此的损失，让彼此有更多的时间和精力去寻找更合适的。

（3）工作能兼顾家庭吗

如何平衡工作和家庭是现代职场人士最关注的问题之一。

一般情况下，当候选人工作稳定，且有一定成就的时候，都希望有更多时间能够陪伴家人。毕竟，工作的目的是给自己和家人带来更好的生活。

因此，当遇到非常合适的求职者时，一定要将这一因素考虑进去，尽量做到让求职者能够兼顾工作和家庭。这样，求职者才能更好地投入工作。

（4）工作是否快乐

对新生代的员工而言，他们在乎眼前的薪资，更在乎能否快乐地工作。一般情况下，对候选人而言，开心主要包含 3 个方面。

第一个方面：工作岗位能否发挥自己的价值和潜能。

第二个方面：工作环境是否干净，让人心情愉悦。

第三个方面：工作氛围是否融洽。

在舒适的环境和轻松的工作氛围下，发挥自己的价值，取得一定的成就无疑是求职者最开心的事情。而且这种开心的力量会激励他更好地完成工作。所以，公司不要只会给员工高薪酬，还要学会给他们快乐。

（5）是否有发展空间，是否能够实现自身价值

美国著名心理学家马斯洛将人的需求分为 5 个层次，从下到上依次是生理需求、安全需求、社交需求、尊重需求和自我实现需求。低层次的需求得到满足后，人们会自发追求高层次的需求。而实现自我价值是人们终极的追求。因此，在薪资得到满足后，候选人还会考虑未来的发展空间以及实现自身价值。

前百度集团总裁陆奇先生曾说，薪酬、工资对他而言只是个数字而已。能否在人工智能领域实现自身价值，在百度拥有广阔的发展空间才是他当初选择加盟百度的关键原因。因此，候选人在犹豫是否加入公司的时候，发展空间也是一个很关键的因素。毕竟谁都不想一直平庸地待在一个岗位上，谁都希望能够取得一番成就，实现自己的价值。

求职者是否决定加入公司是招聘能否成功的关键。为了确保能够招到合适的人才，面试官就要清楚了解影响求职者决定加入公司的因素。只有明确这些因素，面试官才能"对症下药"解决求职者的问题，吸引他们加入公司。

第 **7** 章

背景调查，
你应该重视了

企业不仅要寻找合适的人，而且要寻找风险低的人。因此，做好背景调查，规避用工风险也是招聘官应该重视的事情。

01

别那么自信，背景调查很重要

背景调查是指通过求职者提供的证明人或以前工作的单位收集资料，来核实求职者的个人资料的行为，是一种能够直接证明求职者情况的有效方法。对求职者进行背景调查，可以为企业规避用人风险，减少企业招聘、培训等相关费用，更重要的是能够为企业选拔可靠的人才，为公司创造更大的利益。所以，建议招聘官在招聘的过程中，不要盲目自信，要重视背景调查。

某公司的产品部经理王霞在一次会议上语重心长地说："我真的希望招聘官能够认真对每一个新入职的人员，做背景调查工作。你们不要觉得这件事情非常麻烦，或者不好意思调查对方。如果你们不做这件事，就等于是在给自己埋雷，这颗雷什么时候爆炸你不清楚。一旦爆炸，你跟公司都会遭殃。"

王霞之所以这么说，是因为她自己遇到过这样的事情。

王霞录取了一名员工刘兴。刘兴在原来的公司担任技术部经理，在未办理离职手续的情况下直接离开了原公司到她们公司上班。原公司以刘兴未与其解除劳动关系及擅自离职给公司造成经济损失为由，将刘兴及王霞所在的公司诉讼至法院，并要求刘兴和王霞所在的公司赔偿经济损失50万元。法院最后以王霞所在的公司录用尚与原公司存在劳动关系的刘兴并造成原公司经济损失为由，判决王霞所在的公司承担了部分赔偿责任。

这是一个非常典型的因为招聘官没有对求职者做背景调查，而让公司蒙受经济损失的案例。这样的事情，对招聘官而言并不陌生。而要解决这一问题，避免给企业带来不可预见的损失，最好能够在招聘过程中增加背景调查环节。

虽然已经有很多招聘官越来越注重背景调查，也开始着手做这件事，但是他们发现，在实际工作中，背景调查执行起来还是存在一定困难的。这些困难主要体现在以下几个方面。

（1）用人部门不理解

当面试结束后，为了尽快安排候选人入职，用人部门会重能力轻人品，会从候选人中挑选能够快速上岗的人，催促人力资源部赶紧为候选人办理入职手续。如果这时候招聘官提出要做背景调查，用人部门往往会拿出该求职者的以往业绩、成就等给招聘官施压，让招聘官不得不赶紧为候选人办理入职手续。如果你也面对这样的压力，请一定要顶住压力，与用人部门做好沟通工作，让他们理解你这么做的目的。

（2）招聘官太自信

在招聘行业工作数年后，每个招聘官都有自己独特的招聘、面试经验和技巧，都有一套自己识人、选人的标准。因此，在选拔人才的时候，他们喜欢用自己的经验去判断人才是否适合企业。这种做法显然是不妥的。因为招聘官的主观意识只是个人的想法，并非实际发生的事情。而要判断求职者是否符合企业发展要求，一定要基于事实，即要对求职者做背景调查。

（3）原公司人员不配合

背景调查是指通过求职者提供的证明人或以前工作的单位收集资料，来核实求职者的个人资料的行为。从该定义可知，做背景调查肯定需要原单位相关部门人员的配合。一般情况下，对已经离职、与公司无关的人员，原单位的负责人大都不乐意配合。主要原因有三点：第一，他们觉得非常麻烦，耽误自己工作的时间；第二，他们不好对他人进行评价，怕得罪对方；第三，怕承担风险。这无疑会给背景调查增加难度。

（4）求职者给出的背景信息模糊

有些求职者的背景信息造假，或者他们在原公司表现不好，不希望招聘公司对他们做背景调查，因此他们会故意模糊背景信息。例如，他们会在原公司负责人一栏作假，写上自己认识的人。此外，还有一些求职者会提前跟公司的负责人沟通好，让他们尽量给自己说好话。这些现象都是非常常见的。这种情况下，背景调查的真实度十分堪忧。

以上是实施背景调查中的几大障碍。尽管背景调查实施起来比较困难，我们仍要克服这些困难做好这件事。因为，只有做好背景调查，才能规避用人风险，才能为企业寻得无论是能力还是人品都符合企业发展的人才。

02

关于背景调查你要明白的5个问题

在深知背景调查的目的和重要性后，越来越多的招聘官注重背景调查了，并且积极地投入这件事情中。但是，我建议面试官不要着急，在明确关于背景调查的 5 个问题后，再开展背景调查也不迟。

（1）背景调查的法律依据

做任何事情都必须合法，这是我们做事的基本原则，做背景调查也不例外。

很多面试官之所以不做背景调查，是因为他们认为背景调查涉及求职者的隐私，是一种违法行为。事实上，背景调查完全不违背从民法到宪法的我国的法律。

《中华人民共和国劳动合同法》第八条规定："用人单位招聘劳动者时……用人单位有权了解劳动者与劳动合同直接相关的基本情况，劳动者应如实说明。"而这里面的基本情况包括学历、履历、离职原因、工作业绩等。

背景调查，事实上就是法律赋予企业最好的保护。所以，请大胆、放心地去做背景调查。

（2）背景调查应该征得求职者的同意

不少招聘官在进行背景调查的时候，会私下悄悄进行。他们认为这样的背景调查得来的信息才更加真实。但是，我不建议这么做。在没有征得求职者同意的情况下，就盲目展开背景调查，很容易引起对方的反感，甚至会让对方认为你侵犯了他的隐私。这种很可能触碰法律的事情，千万不要做。

一般情况下，可以在面试结束的时候，直接告知求职者公司会对其展开背景调查。或者可以在公司的求职表模板中注明，会对求职者背景进行调查。正常情况下，求职者都会表示理解和支持。如果求职者极力反对这件事，那就说明这个人的简历中很可能存在造假信息。这个时候，可以直接剔除这个候选人。这样还大大节省了背景调查以及招聘的其他成本。

（3）背景调查适用于所有岗位

在一般招聘官看来，只有中高层管理者、财务、技术人员等需要做背景调查。这种想法是片面的。如果时间和条件允许，建议所有的岗位都做背景调查。哪怕是基层的员工，如保安、服务员、保姆等。因为越是这些基层岗位，越容易存在信息造假行为，越容易给企业造成负面影响。

（4）背景调查也适用于在职员工

背景调查不仅适用于求职者，对在职员工也同样适用。

一般情况下，在职的员工都是认可企业文化、规章制度的，企业对他们的能力和人品也有一定的了解。因此，他们的背景调查不需要像新员工那样全面，但也不容忽视。对在职人员进行背景调查的主要内容是：客户关系维护情况、工作流程、工作结果等。明确这些问题，有利于帮助员工解决问题，提升绩效。

（5）背景调查要在发Offer（录取通知）之前

一般情况下，只有在决定录取某个候选人的时候，企业才会开展背景调查工作。换句话说，当用人部门做出用人决策的时候，招聘官就可以着手开展背景调查工作。背景调查工作一定要在发 Offer 之前，且背景调查结果必须做到客观、真实。在发 Offer 之前做背景调查，能够帮助公司及时甄别不合适的人才，避免给后期的入职工作带来麻烦。

对调查结果存在问题的求职者，招聘官一定要果断婉拒。记住，不要直接告知求职者，之所以拒绝他是因为背景调查中存在问题。这样会伤害对方的感情和自尊心。

以上是做背景调查必须清楚的 5 个问题。如果你已经明确了这 5 个问题，那么就大胆地开始做背景调查吧。

03

如何开展背景调查

对招聘官而言，最开心的事情莫过于面试顺利，双方都有非常强的合作意愿。这个时候，招聘官一定会按捺不住喜悦的心情，急于给候选人发 Offer。但是，我建议招聘官不要着急发 Offer，要冷静下来对候选人进行背景调查。

招聘官应该如何开展背景调查核实求职者的信息呢？

（1）电话回访

电话回访是最常用的背景调查方法。招聘单位可以直接给求职者的原工作单位相关负责人打电话，了解求职者的工作履历、工作表现、工作态度、离职原因、同事关系等。

电话回访这种背景调查方式简单、快捷，深受招聘官的喜爱和好评。但是这种背景调查方式也存在不足之处，如果对方的态度不好，很可能不会对你讲述太多相关信息。因此，在采取这种背景调查方式的时候，一定要找对关键人、问对核心问题，同时一定要注意自己沟通的方式和技巧，以促进沟通顺利进行，进而帮助自己获取更多有效信息。

（2）问卷调查

问卷调查，是指招聘官可以根据自己需要核实的信息，设计一份问卷调查表发给求职者的原工作单位，并要求他们在规定时间内给予回复。这种背景调查方式获取的信息的精准度比较高。

但是这种方法的不足之处是，比较浪费时间，而且对方往往不乐意配合。他们很可能会将你的问卷扔到一边继续忙自己的工作，等你问他们要的时候，他们会说自己很忙，忘记了这件事。面对这种理由，你无法反驳。对方在拿到问卷表的时候，也可能随便写写。一来这样做不会得罪人，二来也节省自己的时间。这样就会导致你获取的信息不真实。

所以，在选择这种背景调查方式的时候，一定要慎重。最好提前与求职者的原单位相关负责人沟通好，尽量说服他们帮你做好这件事。

（3）招聘社群

前面我们谈到招聘渠道的时候，提到社群招聘。实际上，社群招聘不仅是一个很好的招聘渠道，也是做背景调查的好途径。

以共享招聘社群为例，截至2019年6月30日，群友人数已超过2万人，90%都是企业的HR，社群几乎囊括了所有行业。想调查几个求职者根本不是什么困难的事情。

（4）专业的征信、背景调查公司

求职者背景调查工作费时费力，而且无法确保及时性和有效性。因此，为了节省时间和精力，越来越多的招聘官会选择专业的第三方机构——征信或背景调查公司来完成这项工作。

专业的征信或背景调查公司，他们的技术手段更先进，调查的面更广，能够最大限度地提高调查效率。但是要明确的事情是，背景调查都要收费。因此，在决定是否通过第三方机构展开背景调查的时候，要做好权衡。一般情况下，建议小型公司由招聘官开展背景调查，而大型公司则可以选择专业的征信或背景调查公司。

随着互联网技术的不断发展，国家征信体系的逐渐完善，以及芝麻信用、考拉职信等第三方信用评估公司的诞生和共享招聘社群的崛起，职场信用、诚信意识越来越引起国人的重视，这对职场信用体系建设而言是件好事情。但是，这并不意味着简历造假、学历造假、履历造假等职场现象从此就没有了。换句话说，这并不意味着招聘官可以因此放松警惕。

04

基层员工，建议你也查一查

绝大多数招聘官认为只对中高层管理者或技术人员进行背景调查即可，他们往往会忽视对基层员工的背景调查。

那么，到底要不要对基层员工进行背景调查呢？

有句古话说：千里之堤溃于蚁穴。这句话的意思是：小事不注意，将会酿成大祸。因此基层员工，我建议你也查一查。

海底捞是一家在全国各地拥有百余家直营餐厅的大型跨省餐饮品牌连锁店，以人性化的服务而著名。但是，2017 年的一则新闻，让海底捞的名声骤降。

2017 年 8 月 25 日，一名记者爆料海底捞的卫生情况极差，老鼠在后厨地上乱窜、员工把打扫卫生的簸箕和餐具放在同一个池子里洗、用顾客使用过的火锅漏勺掏下水道的污水……随后人民网对这则新闻进行转载。新闻爆出后，网上骂声一片，大家纷纷指责海底捞"空有一副臭皮囊"。海底捞也就此事立即做出了道歉，并承诺进行整改。

对招聘官而言，在看到这则新闻的时候，不仅仅是做一个看客，更要从人力资源和招聘的角度来分析这件事。从人力资源的角度来看，这件事情表面上反映的是海底捞的卫生问题，而本质上是员工不作为导致的。如果每个员工都能按照标准执行任务，那一定不会有这样的事情发生，也不会给公司造成如此负面的影响。

所以说，不要忽视公司的任何一个员工，对于基层员工更要查一查。那么，对于基层员工要如何做背景调查呢？

（1）入职之前严格把关

在基层员工入职之前，同样要对其做背景调查，避免员工入职后出现问题，给公司造成麻烦。

据了解，爆料海底捞卫生事件的是一个媒体记者。该记者是以员工的身份通过招聘、培训进入海底捞的，而且成功"潜伏"了两个月。我们暂且不说这名记者的对错，因为这是他们的工作，大众也需要他们这样的新闻报道。现在，我们只从人力资源和招聘的角度来思考这件事，至少反映了两个问题。

第一，海底捞在招聘、面试的时候，忽视了基层求职者的背景调查，让记者轻易地就能"潜入"公司内部。试想一下，如果潜入的不是记者，而是竞争对手，会出现什么样的情况？他们会窃取公司的技术机密、薪酬制度、财务数据等关键信息。公司因此蒙受的损失是无法估量的，甚至可以说，公司离倒闭不远了。千万不要觉得这是危言耸听。

第二，海底捞因为忽视对员工的背景调查，导致一些不合格的员工进入公司。这些员工在岗位上不作为，不按照规则制度完成任务，最终无疑会给公司造成巨大的困扰。例如，海底捞基层员工的不规范操作导致的负面新闻。即便海底捞公关速度快、服务好，但是这些不足以抹平这次负面事件给顾客造成的消极影响，至少短时间难以改变顾客的想法。

所以，这里再次强调，一定要对基层员工做好背景调查，确保他们合适之后才让他们进入公司，否则你会深深感悟到"千里之堤毁于蚁穴"这句话的深刻含义。

（2）入职不是结束，而是开始

员工进入公司熟悉工作之后，招聘官和用人部门就会放松警惕。他们不会定期与员工交流、沟通，即便发现存在一些小问题，他们也会小事化了置之不理。这其实是一个非常危险的事情。

试想一下，在海底捞"潜伏"两个月的记者，为什么两个月之后才被爆料出来？这显然说明招聘官以及用人部门在员工入职后，没有对员工进行观察、交流，没有发现员工行为存在一些不当的端倪。如果招聘官或海底捞门店的管理人员能够识别存在的问题，海底捞也不会出这样的负面新闻。

所以，不要把入职当成结束。员工入职之后，背景调查工作更要继续，只不过这种调查不需要与原单位沟通，只要多观察员工的工作，多与员工交流、沟通即可。相信你一定可以更深入、全面地认识员工，进而可以明确员工是不是适合公司发展的人才。

但是，在调查基层员工的时候，如果不是非常违背公司发展的事情，建议不要轻易开除员工。任何一个成功的公司，他们对待员工的态度都是温暖的。所以，要做一个有温度的公司，做一个有温度的招聘官。

海底捞卫生事件后，大家议论纷纷，很多人说这次门店的管理者和员工应该都要下岗了。但是，海底捞并没有这么做。海底捞的危机公关通报中的第六条信息非常引人关注："涉事停业的两家门店的干部和职工无须恐慌""主要责任由公司董事会承担"……

这句话的意思是，虽然员工错了，但是员工是公司的一分子，员工要改正错误，但是这个责任由公司来承担。

面对这样的公司，即便员工当前不符合公司的发展需求，他们也会积极改正自己，以顺应公司的发展。而这也是海底捞员工流失率低、工作积极性高的主要原因。所以，在入职之后，对员工进行背景调查的时候，要基于问题，找出问题的原因，并帮助员工解决问题。只有这样你才能留住员工，才能吸引更多优秀的人才。

05

老员工，也应该定期做背景调查

同基层员工背景调查一样容易被忽略的就是老员工的背景调查。

绝大多数招聘官认为，老员工已经非常认可公司的文化、制度、管理方式等，且他们对工作流程也了如指掌。正常情况下，他们不会犯太大的错误。但是正是因为招聘官以及用人部门对老员工放松了警惕，导致他们也有了更多犯错误的机会。

对老员工进行背景调查的重点内容是：在工作中的表现、有没有不良的习惯、与同事的关系是否融洽、经常会在哪些方面犯错误等。在对老员工进行背景调查的时候，要注意以下几点。

（1）发现老员工人品存在问题，要第一时间辞退

很多招聘官或用人部门的负责人，在面对老员工犯错的时候，往往喜欢念及旧情。例如，他们会说"看你在公司工作这么多年的份上，这次就算了""看你是公司的元老的份上，这次就不要求你了"。事实上，招聘官和

用人部门负责人越念及旧情，越会让老员工肆无忌惮。他们会将"老员工"身份当作"免死金牌"。这不仅会降低老员工的工作效率和质量，还会给新员工造成负面影响。如果在背景调查的时候，发现品行不端正的员工，一定要在第一时间辞退。

无论是在招聘、面试还是在实际工作中，一定要切记：企业用人的原则不是在企业待的时间越长越好，而是人品和态度居首位，其次是能力。

（2）明确你跟员工之间的关系

招聘官实际上是一个上传下达的角色，向上要面对老板以及用人部门负责人，向下要对接员工。所以，招聘官不仅要与用人部门搞好关系，还要与员工搞好关系。这里的搞好关系不仅仅是指工作上的配合，还要注意保持一定的"距离"，要跟员工做到"亲密有间"。

某酒店的招聘官与前台的小李走得非常近。一次，酒店的 VIP 客户将一份重要资料交小李保管，并强调了这份资料的重要性。但是，小李正在交班，于是随手将客户的资料放在一边。下午客户来拿资料的时候，询问前台其他员工，但是她们说没有人交接资料。客户当时非常着急，于是找到大堂经理。大堂经理打电话给小李。小李接到电话听到这件事后非常慌张，因为她也不知道自己随手把文件放在哪里了，只能确定在前台区域。前台的所有员工都开始找，翻了所有的抽屉、垃圾桶，最后在垃圾桶里发现了客户的文件。客户因此投诉了酒店。大堂经理以及前厅总经理都因此事受到了处罚。最后，综合平时的工作表现，他们决定辞退小李。

这时候招聘官站出来为小李说话，他认为虽然小李犯了错误，但没有必要辞退她。而且小李是他千辛万苦招聘进来的，如果辞退她，自己又要花时间招聘。但是，前厅总经理并没有听招聘官的说辞，果断辞退了小李。在之后的工作中，前厅总经理对招聘官的工作总是提出各种质疑，让招聘官感觉举步维艰。

招聘官要与员工处理好关系，但是走得太近很容易徇私舞弊。这无疑会让招聘工作变得十分被动。处理不当，将会给企业、给自己带来巨大的麻烦和损失。

"保持适当距离"，更容易看清一个人。所以，对老员工，千万不要认为大家已经非常熟悉彼此了就掉以轻心。相反，更要定期做好背景调查工作，以防患于未然。

第 **8** 章

入职离职
都不能大意

招聘官要招聘员工入职，自然也会面临员工离职的情况。不管入职还是离职，招聘官都要严格对待，避免后期给企业带来麻烦，甚至带来纠纷。

01

发Offer，你要明白的几个问题

"Offer"的全称为"Offer letter"，意思是录用信、录取通知。它是一种契约文件，这种契约存在于企业和求职者之间，呈现形式有口头和书面两种。

对招聘官而言，他们最喜欢做的事情莫过于给候选人发Offer。因为这意味着招聘工作取得了进展，自己工作的价值也得到了进一步的体现。所以，在用人部门决定录取某位候选人的时候，他们恨不得马上打电话通知对方入职。

这里我要提醒招聘官注意的是，虽然发Offer看上去是一件非常简单的事情，似乎不会出什么错，但是事实表明，发Offer也有很多隐性的成本和一些技巧。如果没有掌握这些隐性成本和技巧，很可能会因为发Offer给自己和公司带来纠纷和麻烦。

具体来说，招聘官在给候选人发Offer的时候，要注意以下几点。

（1）不是所有的岗位都需要发Offer

实际上，Offer并非录用环节的必需文件，因此有些岗位可以不发那就尽量不发。这样可以节约时间和人力成本。

通常，需要发 Offer 的有两种情况。

第一种情况：候选人特别强调公司给其发 Offer；

第二种情况：一些高端、重要的岗位，最好给候选人发 Offer。这样既体现了对候选人的重视和真诚的态度，又体现了公司的正规性。

此外，我们完全可以通过电话或短信的形式，通知候选人来公司办理报到事宜。之所以这么做，是因为 Offer 的发送涉及薪酬、合同、法律等多方面的信息，出现一点错误就有可能会给公司带来无尽的麻烦和纠纷。

（2） Offer不一定非要在体检之后发

一般情况下，企业出于用工安全的考虑，会在候选人体检合格后发送 Offer。其实，完全不用这么做，尤其是在用人紧张的情况下。

如果公司着急用人，完全可以在体检之前给候选人发 Offer，并在 Offer 上清清楚楚地注明：如果体检不符合录用条件，公司不予录用。这样既可以让那些体检合格且符合录用条件的人员提前做好入职准备，也可以确保用工安全。

（3） Offer在发送后可以撤回

招聘工作中难免会出现各种各样的状况，发送 Offer 的时候也是如此。例如，公司的岗位已经招满，暂时不需要人才或者通过调查发现人才不适合公司发展，这种情况就需要撤回 Offer。但是，很多招聘官潜意识里认为，发出去的 Offer 不能撤回，于是只好硬着头皮让候选人入职，最终无疑会给公司带来麻烦。

实际上，Offer 在发送后是可以撤回的。

根据《中华人民共和国合同法》的相关规定，在下面的情况下，发送的 Offer 可以撤回。

第一种情况：撤回要约的通知应当在要约到达受要约人之前或者与要约

同时到达受要约人。例如，录用信还在路上，未到达候选人手中。

第二种情况：撤销要约的通知应当在受要约人发出承诺通知之前到达受要约人。

另外，发现背景调查信息不实，也可以撤销要约。

（4）Offer的主动权掌握在候选人手中

一般来讲，用人单位给候选人发送 Offer，就表示用人单位希望与候选人订立《劳动合同》。这样的邀请一旦发出，其实就已经对用人单位产生了法律约束，但 Offer 是否生效则完全在候选人。

如果候选人接受并签字，则 Offer 生效。否则，该 Offer 不具备法律效力。Offer 生效后，如果用人单位违约，用人单位就应当承担相应的法律责任。

还有一种特殊情况是，Offer发送后，候选人签字了，但是最终并没有按照规定的时间到公司报到。这种情况下，候选人也不用承担任何法律责任，最多受到道德上的谴责，被认为不诚信。

综上可知，Offer的主动权掌握在候选人手中，公司属于被动的一方。因此，前面我们也强调，能不发 Offer 的时候尽量不发，避免后期带来麻烦。如果发送了，尽量与候选人保持沟通，确保其如约入职。

（5）Offer上可以注明有效日期

虽然说 Offer 在某种程度上是在保护候选人，但这并不意味着公司完全处于被动的局面。招聘官可以在 Offer 上注明有效期，并要求候选人必须在规定日期内持相关证件、资料到公司报到，办理入职手续。如果逾期，Offer 则自动作废。

除了注明日期外，类似的措施还有很多种，如管理措施、违约措施等。这些措施从某种程度上可以保障企业的利益。

所以说，发送 Offer 不是一件简单的事情。Offer 对公司而言，是道德、诚信、态度、责任的代名词。因此，希望每一个招聘官都明确这一点，并掌握发送 Offer 的技巧，以妥善处理候选人入职事宜，为公司的利益做好保障工作。

02

拒绝入职？可能是这4个原因

前面我们提到对招聘官而言，最开心的事情莫过于给候选人发 Offer。事实上，这种快乐很可能非常短暂。因为在招聘官发送 Offer 的下一秒，很可能收到候选人拒绝入职的信息。

面对这种情况，很多招聘官的做法是，立即给对方打电话询问原因。这时候你发现对方要么拒绝电话，要么关机，要么给你一个冠冕堂皇的理由。无论对方怎么做，被拒绝会让你的心情瞬间跌入谷底。

然而，这个时候不要只顾着悲伤，重点是想一想为什么候选人会拒绝入职。不认真思考这个问题，你今后仍然可能会被候选人无情地拒绝无数次。

事实上，候选人拒绝入职的原因无非以下 4 个。

（1）等待时间太长

正常情况下，面试结束后，三天左右就应该给候选人答复。如果公司办事效率高，实际上当天或者次日就可以给答复。当然，如果是非常重要或者职位等级比较高的岗位，可能需要等两三天给答复。但是，如果三天左右没有给答复，候选人就会默认自己不合适，进而开始寻找新的工作。

这时候你再与求职者联系，对方很可能已经收到其他公司的 Offer，准备到该公司入职。当然，也有可能对方还在找工作，但是他也很有可能拒绝你。因为你让他等得太久，他已经完全放弃了你的公司。

所以说，提升招聘效率也是减少 Offer 拒绝的有效措施。

（2）面试体验不好

面试体验不好是指候选人在面试的过程中，对公司的印象不佳。这种体验体现在很多方面，如招聘人员的接待礼仪，面试场所的环境、卫生，面试官的专业度、素养，公司的氛围，对求职者的态度等。

如今早已不是企业占据主动权的时代，更多的主动权掌握在候选人手里。但凡公司有一点儿让候选人不满意，他们很有可能就会拒绝入职。所以，当候选人拒绝 Offer 的时候，不妨思考一下，是不是面试环节哪里没有做好。

（3）一味压低薪酬

招聘官不断压低候选人的薪酬，是为了给公司节省成本。因此，站在公司的角度，这一点非常可以理解。而且老板都很喜欢这样的招聘官。但是这种行为很有可能引起候选人的反感，还会让对方感觉公司没有诚信意，很小气。即便面试的时候候选人答应了你给出的薪酬，回去后对方一定会左思右想，或者跟其他公司对比，如果得出的结论是薪酬太低，他最终无疑会拒绝你发出的 Offer。

所以，我要提醒招聘官注意的是，合理谈薪酬可以，但是不要一味地压低薪酬。

（4）没有及时跟进

很多招聘官在发出 Offer 后，会自然地认为招聘工作已经告一段落，至于候选人来不来入职不是自己能够掌控的事情。这种想法其实是错误的。因为候选人往往不止面试一家公司，也就是说他们在接到你的 Offer 的同时也可能收到其他公司的 Offer，还有可能已经到其他公司入职了。所以，发出 Offer 之后，招聘官并不能不管不问。

那么，如何确保候选人一定会选择加入你的公司呢？

候选人是否会接受 Offer、如约入职，很大程度上与招聘官是否及时跟进有关。要想在众多 Offer 中脱颖而出，招聘官就要做好 Offer 发出后的及时跟进工作。

举个例子，如果周二面试了候选人，双方意愿都比较强，且候选人答应下周一入职。在此期间招聘官应该做的事情是：添加候选人微信，与对方保持互动，而且还要继续招聘其他求职者。因为如果候选人不能顺利入职，你还可以安排其他候选人面试、入职，这样能够有效避免耽误招聘进度。

等待 Offer 的时间、体验、薪酬以及后续跟进都是影响候选人能否如约入职的关键因素。这就要求招聘官要正视每一个拒绝你的候选人，多跟他们沟通，了解他们内心的真实想法，进而有针对性地做出改进。

03

这两项资料，新员工入职时请要求务必携带

在整个招聘工作中，员工入职环节是相对来说比较简单的工作。在很多招聘官看来，员工入职无非是填表、签字、熟悉环境、认识领导和同事。也正是对员工入职的这种认识，让无数的招聘官对这项工作掉以轻心，导致错

误频出，影响招聘效率。

我曾经咨询过很多在招聘行业工作多年且资历比较深的招聘官，也看过很多家公司的入职流程。我发现，在那些入职流程完善、体系健全的公司，招聘官一般都会要求候选人入职的时候提供两份资料，而且是务必提供。换句话说，如果候选人没有携带这两份资料，招聘官就不会给他办理入职手续。

那么究竟什么资料如此重要呢？

（1）离职证明

离职证明，是用人单位与劳动者解除劳动关系的书面证明，是用人单位与劳动者解除劳动合同后必须出具的一份书面材料。《中华人民共和国劳动合同法》规定：用人单位招用与其他用人单位尚未解除或者终止劳动合同的劳动者，给其他用人单位造成损失的，应当承担连带赔偿责任。在实际招聘工作中，很多招聘官为了避免因招用与原单位尚未解除或者终止劳动关系的劳动者而发生的连带责任，都会要求劳动者入职时提供原用人单位出具的离职证明。

这就是要求候选人务必提供离职证明的原因。

在所有的入职资料中，离职证明应该是最简单且最重要的，但同时也是最容易被招聘官忽视的一份资料。招聘官之所以会忽视这份资料，是因为用人部门的不断施压。他们为了尽快让候选人入职，只好放宽要求，避免耽误入职时间。但是，招聘官往往这个时候更要顶住压力，并做好用人部门的思想工作，要让他们明确离职证明这份资料的重要性。

招聘已经是一件非常困难的事情，倘若因为办理入职而扯上了法律纠纷，那就有点得不偿失了。所以，无论用人部门告诉你他们有多着急，你都要坚定地告诉自己：一定要确保收到候选人的离职证明。

比起不予办理入职，入职后有麻烦事会更让人头疼，给公司带来的损失也更大。

（2）体检报告

入职体检报告是专项体检之一，是指通过体检保证入职员工的身体状况适合从事该专业工作，在集体生活中不会造成传染病流行，不会因其个人身体影响其他人。

近些年，职场人的健康状况越来越引起重视，很多白领都是处于亚健康状态。这些人在找工作面试的时候，都会刻意隐瞒病情。这会导致他们在公司工作没几天，就开始休病假，进而导致项目进度无法推进。

公司需要关心员工、温暖员工，但是公司不是慈善机构。要知道，任何一个公司的目的都是盈利。即便福利待遇好，对员工非常人性化管理的公司，他们也不希望员工经常请假。这就是为什么很多条件比较优越的公司，会给员工提供免费入职体检的原因，甚至有一些公司会定期给员工安排免费体检，这么做都是为了防患于未然。

大公司尚且能如此，中小型公司更应该这样做。

也许不少招聘官会认为，体检会给企业带来一定的成本。确实是这样。但是我们不妨认真思考一下，如果公司现有员工在工作的时候突发疾病，那么你需要支付的成本将远远超过体检的费用。所以，为了避免造成更大的用工成本，就要舍得为员工花体检的费用。

对入职工作而言，背景调查相当于在为员工入职打前站，而离职证明和体检报告相当于在为员工的顺利入职站岗，或者说是保驾护航。所以，不要轻视这两项资料，且要郑重提示候选人务必带好这两项资料，否则不予办理入职。

04

入职不到三天就离职？反思自己

离职，对招聘官而言是司空见惯的事情，也是困扰招聘官的一大难题。而入职不到三天就离职往往又是离职中占比最大、较为集中发生的情形。比起老员工离职，新员工入职不到三天就离职更让人头疼。因为新员工在培训期间不能为公司创造利益，公司需要因此承担更多人员、招聘、培训等成本。所以，新员工入职不到三天就离职的问题越来越受到招聘官的关注，也是他们亟待解决的问题。

某个周一上午，王红所在公司入职了 6 名新员工。这让老板和用人部门都非常开心。他们心想：搁置已久的项目终于可以向前推进了。王红也因此备有成就感，认为这就是对她一个月以来辛苦付出最好的回报，也是她的价值所在。

但是，戏剧性的转折发生了。入职第一天的下午，有一名新员工不辞而别。第二天上午又有两名新员工在没有打招呼的前提下，直接离职。第二天下午上班的时候，一名员工借故离开后，再也没有回来。到第三天上午，新入职的 6 名员工已全部离职。用人部门看到这种情况完全愣住了，王红也因此备受打击。

不知道类似的剧情是否也在你身边频繁上演。虽然离职这件事是职场中很正常的一种现象，但是如果我们不重视，只会增加招聘的工作量，并且会给公司造成更多的损失。因此，在面对这一问题的时候，招聘官应该深刻反思：究竟为什么新员工入职不到三天就离职？

（1）实际情况与招聘官的描述存在巨大差别

在招聘的过程中，招聘官为了吸引求职者加入公司，往往会"营销"过度，将公司吹捧得天花乱坠。而员工入职后发现实际情况根本不是招聘官所描述的那样。例如，招聘官说不用加班，但是入职第一天就加班到晚上 10 点，第二天依然要加班。这一定会让求职者产生巨大的心理落差，甚至会认为被招聘官欺骗了。在这种情况下，他们选择离职并不难理解。

因此，在招聘的时候，招聘官一定要将薪资待遇、工作时间以及企业的现状、发展状况、面临的问题和挑战如实告知求职者。只有坦诚相见，你才能遇见那个愿意跟你"长久厮守"的人。

（2）员工非常优秀，但是并不适合公司的发展

前面我们一直在强调一点：公司选拔人才的标准一定是合适，而不是优秀。然而，很多招聘官只要看到求职者是名牌大学毕业，或者在某知名企业有过工作经验，就安排面试、入职。当然，必须承认这些人才非常优秀。但是入职后，你很快会发现，他的才能无处施展，而对方也会觉得自己怀才不遇。这个时候，求职者肯定会选择离职，另谋高就。

为了避免这种情况发生，招聘官在选拔人才的时候，一定要严格把关，要明确求职者的履历、学历、自身发展追求与企业是否相匹配，尤其是求职者对企业文化的认可。唯有价值取向一致且有共同的发展追求，公司和求职者才能称之为"门当户对"，进而才能提高新员工的留存率。

（3）没有做好员工入职前的准备工作

员工第一天进入公司，他们关注的不是薪酬、制度等，他们更在乎的是公司给他们的第一感觉，或者说体验。

试想一下，如果你是新员工，入职第一天遇到以下几种情况，你的体验

会如何？

第一种情形：办公设备没有准备好，安装好的电脑无法启动。公司临时安排现场维修电脑。

第二种情形：办公室的桌面用手一摸全是灰尘，角落里堆满了垃圾。

第三种情形：老员工没有与你打招呼。

第四种情形：没有人领着你熟悉环境，向你介绍老员工。

⋯⋯⋯⋯⋯

绝大多数人遇到以上类似的情形时，都不会选择继续留在这个公司。因此，我要提醒招聘官注意的是，在安排求职者入职之前，一定要做好相关准备工作。招聘官要切记，一件事情能否取得成功，往往取决于细节。

招聘工作的价值始终在于能够招聘到并留住适合公司发展、具有高忠诚度、高效率的人才，而非周而复始却劳而无功的招聘过程。对招聘官而言，员工入职并不意味着招聘成功，体现你价值的是你能不能留住人才。因此，对入职不到三天就离职这件事，进行反思并寻求解决问题的方案，对招聘官而言是必须做到的事情。

05

招聘工作的最终环节转正考核

员工转正考核，可以说是招聘工作的最终环节。这个时候，员工和公司对彼此都有了相应的了解和认知。员工是否愿意加入公司继续为公司创造效益，公司是否能够如愿以偿留住人才，成败在此一举。

员工转正考核的目的是考量试用期内新员工的工作能力，发现其潜在能力，作为员工转正、定岗调薪、劳动关系缔结或解除的依据。对招聘官而言，要做好新员工的转正考核工作，必须明确考核流程以及考核方式。

（1）转正考核流程

通常情况下，考核流程可以遵循以下几个步骤。

第一步，做好转正考核前的准备工作。一般情况下，员工试用期为1~3个月。用人部门会根据员工在工作中的表现确定其转正考核时间。因此，招聘官要跟用人部门保持沟通，要及时了解员工转正信息，并给用人部门发《员工试用期考核表》。

第二步，实施转正考核。招聘官要协助用人部门，对试用员工根据考评内容和工作表现进行绩效评估。

第三步，考核结果。在经过全面考核后，由招聘官计算最后得分，并要将最终结果（建议录用、不予录用、建议延期）告知被考核者。

第四步，审批。如果在考核的过程中，招聘官或者用人部门对被考核者存在疑问，被考核者有义务作答，并且要提供相关证据。对不配合的被考核者可以驳回，重新考核。对于证据充分者，予以录用、辞退或延期试用。

第五步，签订劳动合同。对于通过转正考核的新员工，公司要与其签订正式劳动合同，要按照正式员工对待，享受公司的一切福利待遇。并从转正日开始，按照正式员工相应级别计算工资。

为了确保考核的准确性，在对新员工进行考核的时候，还要注意以下几点。

第一点，考核资料必须经过招聘官复审。复审的主要内容有：考核表、出勤表、奖惩记录、面谈记录、述职报告等。对于不符合要求的资料，要及时退回并限期整改。

第二点，在试用期内被记过的试用员工，当次考核不予通过，不能转正。

第三点，试用期内，员工的出勤率不得低于 90%，迟到率不得高于 5%，而且不能有旷工行为。

第四点，考核表的打分必须公正、客观。

第五点，如果员工必须延长试用期，应将延期试用的申请表跟转正考核表一起上交给招聘官。

第六点，延期试用仍不能通过的员工，予以辞退。

（2）转正考核的方式

不同的企业文化、不同的岗位、不同的部门，其考核方式不同。一般情况下，员工转正考核可以从工作能力、工作态度、工作业绩 3 个方面展开。

工作能力考核。工作能力主要包含：岗位的适应度、工作效率、学习进度、工作饱和度、人际关系处理等方面。

工作态度考核。工作态度主要是指工作积极性、责任心、协作能力、团队意识、组织纪律性、遵守规章制度等方面。态度就是竞争力。因此，工作态度的好坏，在某些程度上决定了该员工今后的发展速度和潜力。

工作业绩考核。工作业绩是转正考核的核心，主要是指员工在试用期期间做出的成绩。

在这里，我要提醒考核者特别注意以下两件事情。

第一件事情，员工入职的时候就要签署试用期转正考核协议。协议上要写清楚岗位职责、工作标准、转正应达到的标准。这样在考核的时候，招聘官、用人部门、员工才不至于踢皮球，也更有助于后期考核工作的开展。对一些无理取闹的员工也能够理有据，从而避免辞退员工需要赔偿的用工风险。

第二件事情，具体问题具体分析。有一些岗位的任务周期较长、工作见效比较慢，可能短时间内看不出成果，因此在制定考核方案的时候，一定要具体问题具体分析，一刀切的做法只会错失更多优秀人才。

招聘的每个环节都会淘汰一些不合适的求职者，员工转正考核环节也是如此。但是招聘官一定要控制好淘汰率。因为淘汰率过低，会出现员工素质参差不齐的情况；而淘汰率过高，则会导致招聘效果不好。也就是说，对于表现不是十分突出的，可以延期试用。当然，如果员工在试用期犯了很大的错误，或者跟公司发展不符，那么一定要果断放弃。

此外，要注意的是，虽然到了这个环节意味着招聘工作已经告一段落，但是招聘官和用人部门的工作并没有结束。在经过紧张的转正考核后，员工从实习生转变为公司的正式员工，员工的身份、心理感受也会发生巨大的变化。很可能一时间他们无法适应这种身份，因此要求招聘官和用人部门在转正考核工作结束后，要对正式转正的人予以关心，让他们能够更快适应自己的新角色。

06

一定要做好离职风险管理

职场人永远无法避免的三件事是：迟到、请假、离职。而这三件事中，对企业影响最大、最让招聘官头疼的事情是离职。而且随着市场经济的快速发展，职场人的法律保护意识越来越强。特别是在离职的环节中，当他们的合法权益没有得到保障时，他们往往会拿起法律的武器维护自身的权益。近年来，因为没有做好员工离职管理的纠纷事件、官司比比皆是。因此，对招聘官来说，做好离职风险管理也是他们当下的重点工作。

之所以要强调员工离职管理的重要性，是因为员工离职管理中存在以下几个风险。

第一个风险，劳动纠纷风险。员工离职的时候是最容易引发劳动纠纷的时刻。迫于种种压力和无奈，员工在职的时候对公司一些违反劳动法、违反规章制度的行为默不作声，但是等到他们离职的时候，为了保护自己的合法权益，他们也许会选择将这些问题暴露出来。公司无疑要为此付出巨大的代价。

第二个风险，商业机密泄露的风险。任何一个公司都有自己的商业机密，并且，对于一些企业而言，商业机密就是他们的核心竞争力所在，是公司立家之本，也是公司生存的命脉所在。如果不做好离职管理，员工很可能将这些商业机密泄露出去。

第三个风险，没有人有能力接手工作的风险。离职人员原先占据重要位置，而且这个岗位的工作主要是由其一人承担的，只有他掌握着相关的知识和技能。该员工离职，会导致工作无人可接，甚至出现工作"瘫痪"的局面。

第四个风险，资料缺失风险。每个人在工作中都会有大量的数据、文字资料。例如，规章制度、重要协议、文件、数据库等。一旦资料缺失，工作很有可能陷入极其被动的局面。

第五个风险，客户丢失风险。客户丢失风险是指离职者工作交接不完善，可能导致客户丢失。特别是以销售为主的公司，很多销售员掌握着不少大客户的信息。这些客户都是公司的衣食父母，甚至决定了公司来年的经济营收。这些客户的丢失，对公司来说是致命的威胁。

第六个风险，员工士气受损的风险。每个员工都处于一个群体之中，一旦朝夕相处的员工离职，必然会对其他同事造成影响。尤其是一些身居要位的高管、骨干人员的离职，更容易引发公司员工的猜测和议论，公司员工会对公司的人际关系、未来发展前景产生怀疑。

为了规避这些风险，降低企业损失，招聘官一定要做好离职风险管理。

互联网行业的巨头之一，百度公司曾发生过这样一件事。

百度前员工康泽宇，在入职今日头条九个月之后被"老东家"百度告上法庭。原因是康泽宇违反了与百度签署的竞业限制协议。因为证据确凿，法庭宣布康泽宇赔偿百度 83 万元。所谓竞业限制协议就是：离职后一定期限内"老东家"还要继续给你发工资，但是你要保证协议期限内不能加入与"老东家"有竞争关系的公司。而康泽宇一方面拿着"老东家"百度的钱，另一方面还在百度的竞争对手今日头条工作拿工资。其行为明显违反了竞业限制协议。

百度的招聘官非常厉害，至少他们在风险把控上非常严格。从招聘、用人的角度来看，这件事给各大企业以及招聘官的启示是：一定要做好离职风险管理。

在离职管理工作中，我建议招聘官一定要注意以下几点。

（1）员工离职，一定要开具离职证明

前面我们已经提到了离职证明对员工入职的作用以及重要性。这里要强调的是，员工离职也必须给员工开具离职证明，避免给企业造成纠纷。

为了避免纠纷，离职证明的内容一定要详细，上面要清楚标注岗位、在职日期、劳动关系等信息。并且一定要写明是员工主动离职，且办理好一切交接手续，已经解除劳动关系。不要小看一个字、一个标点符号、一个数字，在关键时刻，这些信息都是价值不菲的证据，能够使你避免陷入纠纷。

（2）员工入职，一定要其澄清与"老东家"的关系

员工离职会伴随风险，同样，入职也会伴随风险。因此，为了避免风险，不仅要在员工离职的时候出具离职证明，员工入职的时候，也一定要其澄清与"老东家"之间的关系。

康泽宇被判赔偿百度83万元,不知道现任东家今日头条是否负连带责任。如果有,那对今日头条而言,就是得不偿失的事情。原本花重金聘请一名优秀的人才,是为了给企业带来更高的价值和效益,却因为没有做好入职管理而惨遭损失。这是任何一个企业都不愿意发生的事情。因此,在员工入职的时候,体检报告,离职证明,入职承诺书,以及其与"老东家"的江湖恩怨、法律纠纷、竞业限制协议等,一定要弄清楚。前期这些工作也许比较麻烦,但是这会让你后面的工作更顺利。

(3)日常工作不可掉以轻心

康泽宇已经离职9个月,百度的招聘官却还能想起竞业限制协议、离职事宜,并懂得采取法律途径保护企业的权益。这件事给招聘官同行的启示是:面对招聘工作,一定要认真,要有责任心,任何一个环节都不可以掉以轻心。

除了要注意以上三点,招聘官还要知道的是,一定要正视员工离职这件事。俗话说:铁打的营盘流水的兵。天底下没有不散的宴席。所以,不要认为离职一定是一件坏事,更不要把离职的员工当成自己的敌人。只有跟错的人告别,才能跟对的人相逢。但是前提是,一定要做好离职管理,否则迎来的不是对的人,而是处理不完的纠纷。

第三篇 >>>

招聘策略

第9章

第 **9** 章

反思一下，自己为什么招不到人

绝大多数招聘官在招不到人的时候，会不断地抱怨，认为都是外部因素导致的。但事实表明，无论怎么抱怨都解决不了招聘失败这个问题。因此，招聘官在招聘效果不佳的时候，不妨反思一下：为什么招不到人？

反思自我：你很用心地在做招聘吗

　　小米的创始人雷军认为，人力资源部 80% 的时间应该用在找人上，找有想法的人，有干劲的人，有能力的人，有激情的人，然后把他们的潜力发挥到极致。在这种招聘理念下，小米的研发团队从 14 人增长到 400 人，整个团队平均年龄才 33 岁，而且几乎每个员工都来自世界知名的公司，例如谷歌、微软、金山等。小米的成功很大部分要归功于他们在认真做人才招聘。

　　很多招聘官在招不到合适的人才时，常常会抱怨用人部门不配合，或者认为求职者要求太高。当然，不排除这两个原因，但是主要原因还在于招聘官是否认真对待招聘这件事。因此，在招聘效率不高的时候，招聘官首先要学会自我反思，要扪心自问：我是不是很用心地在做招聘？

　　如果在招聘过程中，存在以下 4 种情况，那么说明你的招聘工作做得并不到位。

（1）收不到合适的简历

　　简历对招聘的重要性，就好比子弹对枪支的重要性。没有子弹，枪支就是个空壳子。而收不到合适的简历，招聘就是空谈，招聘工作也难以继续开展。

收不到简历的原因很多，如行业竞争激烈、求职市场反转、公司综合实力等。但是，这些因素不能成为招聘官收不到简历的借口。

要解决这一问题，招聘官就要多尝试开拓其他招聘渠道，不停刷新招聘网站的招聘信息，对网站进行维护，重新发布信息，多与用人部门沟通，并且还要懂得建立人才储备库，以备不时之需。

这些都是解决收不到简历的重要方法，也是作为招聘官必须认真对待的事情。

（2）没人参加面试

没人参加面试分为以下两种情况。

第一种情况：收不到简历。针对这种情况，上面已经提供了解决方案。

第二种情况：被求职者放鸽子。

面对第二种情况，招聘官要认真做的事情是：认真筛选简历、诚恳地电话沟通、及时地面试跟进。这些工作是确保面试到场率的前提。

（3）推荐的大都是"低配人员"

这里的"低配人员"是指，招聘官推荐的求职者距离用人部门的要求尚有一定的差距，在没有更适合的人选的前提下，用人部门只能将就使用。

推荐"低配人员"的根源仍然是因为没有适合的简历、面试的人不多、可供用人部门挑选的余地太小。解决这个问题，招聘官必须认真做的事情是拓展招聘渠道、增加简历量、认认真真筛选简历，以提升面试到场率。

面试到场率是解决"低配人员"问题的根本。

（4）用人部门不敢辞退员工

我认识一个做财务的朋友，目前已经是公司的财务总监。他曾跟我说过一句话，让我迄今记忆犹新。他说："跟人力资源部打交道，感觉最无奈、最憋屈的是，不敢辞退不合适的员工。"

他手下的一名审计，仗着自己能力强，数次挑战公司的规章制度，还要求公司加薪、升职。如果不能满足他的要求，就威胁说要离职，甚至会直接请假去其他公司面试。这种情况让朋友十分尴尬。朋友为什么不敢辞退他？因为辞退了，没人可以接替他的工作。如此下去，部门负责人的权威和威信便会丧失，团队管理将一片混乱，工作也无法顺利推进。

导致这一问题产生的很大一部分原因是招聘官的工作不到位。

其实，从古代到现代，从国家到企业，对人才的渴望似乎从未止步。三国时，刘备"三顾茅庐"，只为请卧龙诸葛亮出山。再看今天，核心人才的重要性也不言而喻。例如，阿里巴巴的"十八罗汉"，如果没有他们，就不会有今天阿里巴巴的商业帝国；还有百度的"七剑客"，如果没有他们，就不会有今天百度这家世界级的互联网公司。

招聘工作与企业效益息息相关。人才引进，已经成为企业的一项战略性工作，而且直接关乎企业的运营成本。如果招聘官在招聘工作中没有用心去做而导致以上问题出现，那么给企业带来的风险和损失将是不可估量的。所以，为了确保招聘到合适的人才，在招聘的过程中一定要认真自我反思。

02

反思伙伴：谁是你的"猪队友"

中国四大名著之一《红楼梦》中有句话说：一只巴掌拍不响。意思就是：事情不会是单方面引起的。例如，情侣吵架、同事之间争执，双方肯定都有原因。对招聘不到人这件事，也并非只是招聘官一个人的原因。

上一节我们提到招不到人的时候，招聘官自己要反思，但是这并不意味着所有的原因都在招聘官身上。经常玩游戏的人一定听说过这样一句耳熟能详的话：不怕神一样的对手，就怕猪一样的队友。对招聘官而言，何尝不是如此。因此，当面试效果不佳，无法招到合适的人才时，招聘官除了要进行自我反思外，还要反思自己的伙伴，要清楚地知道谁是你的"猪队友"。

这里的"伙伴"并非指某一个人，也可以是某件事。下面就来揭晓一下，招聘官在招聘工作中经常会遇到的"猪队友"。

（1）公司口碑太差

公司口碑太差是指求职者对公司的印象不好、评价不高。这里的口碑太差包含：公司知名度不高，公司工作氛围不好，老板比较挑剔等。这些都可能是你的"猪队友"。

例如，同样是一个运营的岗位，你们公司给出的月薪是 10000 元。但是公司的知名度不高，求职者对你们公司的了解也不深。而这个职位百度公司开出的月薪是 9000 元。那么候选人 90% 的可能会选择百度。因为百度的知名度高，口碑好，而且进入名企就意味着可以学习到更多的专业技能、开阔自己的视野、提升自己的含金量。

如果你的"猪队友"是口碑，那么我建议你要注重以下几点。

第一，公司要高度重视提升知名度，要有计划、有目的地到高校、行业峰会、交流会去露露脸。

第二，招聘的时候要精心选择招聘平台。此外，该花的广告费必须花，因为能提升雇主品牌，这也是扩大知名度的方式。

第三，要形成良好的口碑效应，首先要学会在老员工身上下功夫，如举办生日会、送生日礼物、旅游等。只有他们对公司的满意度提升了，他们才会口口相传，向身边的人推荐自己的公司。

（2）薪资没给到位

在求贤若渴的时候，招聘官常常对身边的人说："给我推荐合适的人才吧，钱不是问题。"事实上，到面试结束的时候，钱成了最大的问题。

一个拥有 6 年知名企业工作经验的产品经理，经过推荐去面试了一家公司。在原来的公司，该经理的月薪已经达到了 13000 元。但是面试的新公司，薪资只能给 6000 元。新公司的招聘官的说法是："我们是大公司，未来发展前景可观。你要是不选择我们公司，迟早会后悔。"在招聘官的"画饼充饥"和"威胁"下，这名产品经理拒绝了入职邀请。

这个社会是非常现实的，人才也非常现实。公司发展前景再好，他们也要为当下的生活考虑。

所以说，当你遇到合适的人才时，公司的薪酬又无法给到位这件事就成了你的"猪队友"。这时候，即便人才再合适，你也只能狠心放弃。

（3）加班太多，且没有加班费

现在的职场早已经是"95 后"的天下。"95 后"需要什么？他们要的是自由、轻松，追求的是生活和工作的平衡。如果公司经常加班，且没有加班费，一定会让这些新生代员工对你们敬而远之。

所以，在招聘的时候，一定要反思你的这位"猪队友"。如果工作忙，必须加班，一定要跟求职者说清具体情况，且按照法定的制度给员工加班费。

以上这 3 个是招聘工作中典型的"猪队友"。实际上，在招聘工作中你还可能遇到更多的"猪队友"，如年终奖太低、公司地理位置偏僻、休息日还要处理工作、领导胡乱指挥等。面对这些"猪队友"的时候，一定要深刻反思，并找到解决它们的办法。

不得不承认，招聘是一件非常困难的事情。即便招聘官自身的工作能够做到位，也会因为遇到这些"猪队友"而导致招聘工作无法顺利进行。但是，千万不要因此气馁。要相信，任何问题都可以得到解决。解决问题的过程，就是你成长的过程。这也意味着，你距离优秀的招聘官又近了一步。

03

反思公司：公司确定是在诚心招聘吗

在面试的过程中，你是否会遇到这样的情况：面试不到 3 分钟，就让求职者回去等消息；没有聊几句，就断定求职者不符合岗位要求；求职者迟到几分钟，就判定他人品有问题；谈到薪酬的时候，拼命压低薪酬……这些行为会让求职者认为公司不是在诚心做招聘，进而不会选择加入公司。

所以，在面试效果不佳的时候，一定要对公司进行反思。如果公司不是诚心在做招聘，那么招聘官前期的工作再怎么做都是无用的。

具体来说，在实际的招聘过程中，如果存在以下几种情况，说明公司并没有诚心在做招聘。

（1）不专业的面试

专业的面试流程和专业的面试官是促进面试成功的关键。但是，很多招聘官并没有意识到这一点。他们认为只要跟求职者确认一些问题即可，至于这个问题谁来问都一样。然而事实并非如此。

王军是某家公司销售部的经理。周五上午 10 点约了一名求职者面试。但不巧的是，王军临时有急事。这个时候，王军叫来了实习生刘浩，并将求职者的简历交给他说："这个人 10 点会过来面试，但是我等会儿有急事要出去，这件事交给你办。你简单问他几个跟工作相关的问题，感觉差不多就行，到时候你再跟我汇报情况。"刘浩很茫然，但是也只能接受领导的安排。

在面试过程中，刘浩简单问了求职者几个问题，求职者都应答如流。而当求职者询问工作内容以及公司的相关情况时，刘浩却一时回答不上来。求职者疑惑不解地问："为什么领导对这件事也不清楚呢？"刘浩忙摇头说："我不是领导，我也只是一个实习生。"求职者听了之后，震惊之余觉得这家公司太没有诚意。于是当场便对刘浩说："我觉得自己好像不是很适合你们公司，耽误你的时间了，不好意思。"

王军以为刘浩可以蒙混过关，但实际上最后蒙混的却是自己。对于求职者而言，专业的招聘、面试流程以及专业的面试官是企业形象的体现，更是对他们的尊重。如果企业做不到这一点，说明公司并不是在诚心招聘。对于这样的公司，他们避之不及。

（2）没有仪式感的面试通知

法国作家安东尼·德·圣埃克苏佩里在其著作《小王子》中提到：仪式感就是使某一天与其他日子不同，使某一时刻与其他时刻不同。新生代的求职者越来越注重仪式感。仪式感能让他们感到自己在那一刻的不同，更能感受到对方对自己的尊重。因此，在等待面试通知的时候，他们期待的是一个有仪式感的面试通知，而不是非常随便的一个短信。

但是，并没有多少招聘官能意识到这一点。因此，他们在发送面试通知的时候，往往比较随意。为了让大家明确面试通知中仪式感的重要性，我们来对比一下有仪式感和没有仪式感的面试通知。

没有仪式感的面试通知："请于 2018 年 9 月 20 日到 ×× 公司面试。"除了日期和公司名字之外，没有其他内容。这种信息让求职者感受不到任何温暖，很容易打击求职者面试的积极性。

有仪式感的通知： 经过和求职者初步电话沟通后，发送面试通知，如"尊敬的 ×× 先生（女士），您好！我是刚与您电话联系的 ×× 公司招聘官，诚邀您于 2018 年 10 月 9 日 14：30 到我们公司参加面试。地址：××；联系电话：××。收到请回复，谢谢！"求职者在收到这样内容详细的面试通知短信时，一定会感到公司的诚意，更乐意到公司参加面试。

在人才难求的职场，企业早已经告别了过去高高在上、占据主动权的时候。要想在竞争激烈的招聘市场中取胜，企业要做的不只是给员工更高的薪酬、福利，更要懂得拿出百分之百的诚意。对新生代的求职者而言，要"收买"他们的人，必须先"收买"他们的心。

04

反思流程：你做了哪些无用功

苹果公司创始人史蒂夫·乔布斯曾说过这样一句话："我过去常常认为一位出色的人才能顶 2 名平庸的员工，现在我认为能顶 50 名。我大约把四分之一的时间用于招募人才。"的确，招聘一直都是乔布斯最为核心的工作。对企业的招聘官而言，也是如此。但是能不能把这项核心工作做到位，为企业招聘到合适的人才，才是最为关键的问题。

面对这个问题，很多招聘官感慨："我常常熬夜筛选简历，还是很难遇到合适的人才""我打了无数次面试电话，常常被拒绝。也有求职者答应了，但是最后没有来"……当然，招聘官的辛苦付出是值得肯定的，但是肯定之余，招聘官要反思的问题是：为什么你做了那么多事情，招聘工作却没有进展？你是不是做了无用功？你做了哪些无用功？

在实际的招聘工作中，哪些行为和做法会让你离招聘的初衷渐行渐远呢？

（1）过度相信、依赖招聘工具

很多招聘官都会积极学习、使用各种招聘工具，并将其作为提升招聘效率的主要突破口。在他们看来，能否熟练使用各种工具，是衡量招聘官专业水准的重要标准。

于是，九型人格测评、领导力测试、综合素质雷达图分析、价值观匹配度体系剖析等招聘工具，成了高管招聘入职的必备武器；胜任力评估、人才测评成为职能人才入职的必经之路；无领导小组讨论、情景测试、行为面试，成为彰显招聘官专业水平的最好途径。但是自己有没有思考过这样的问题：完成这些测试需要花费几个小时，而且过于专业的测试会让求职者备感压力。这种情况下，你即便再专业，也有可能招聘不到人才。

招聘工具是为了辅助你提高招聘效率的。任何有助于提升招聘效率、价值的做法，都是值得尝试且可以理解的。但是，如果过于相信且完全依赖这些工具，只会被这些工具牵着鼻子跑，容易让招聘官陷入条条框框中。久而久之，招聘官灵活解决问题的能力、思维都会消失。最终无疑会导致其招聘失败。

招聘官一定要明白一个道理：招聘面对的是人，必须有灵活的面试方式。

（2）毫无意义的面试流程

面试流程要专业，但是并不意味着任何一个岗位都必须严格遵循流程。很多时候，面试的成功与否，在于招聘官是否能够根据实际情况随机应变。

面试流程也是如此，毫无意义的面试流程就是在做无用功。

某酒店的客房部要招聘一名客房服务员。招聘官孙薇对求职者进行初步面试后，又安排客房部主管对其进行复试。复试结束后，又安排客房部总经理对其进行第二轮复试。这时候，客房部总经理不但没有表扬孙薇，反而非常生气地说："你这不叫工作认真，你这叫不懂得灵活变通。我理解你这么做是在严格把关人才。但是一个基层的客房服务员你都把关不好，设你这个岗位干吗？"因此，客房部总经理没有参加面试。此时，等候多时的求职者也非常不耐烦地说："我只是应聘个服务员，还要见这么多人，需要经过这么多层筛选吗？我觉得自己应该不合适你们酒店，我还是再找其他的酒店试试吧。"

孙薇认为自己按照流程面试没有错。但是流程是死的，人是活的。对中高层管理者或酒店关键的岗位，采取这种流程面试是必要的。但是，对于一些基层岗位，招聘官完全可以经过一轮面试或简单的复试就可以识别人才，并确定是否录用。

事实上，完全按照流程操作对一般人才而言未免过于苛刻。这样不仅会吓跑求职者，也会给企业增加更多的人力成本。这一定不是一名优秀招聘官应有的行为。

（3）提出的问题不够严谨

面试官在提问的时候，如果提出的问题不够严谨，那也是在做无用功。

某互联网公司技术部经理王强曾跟我讲述了一件面试中发生的趣事。

一次，他去一家公司面试。在面试的过程中，招聘官问他："您公司的数据库是黑盒还是白盒？"

王强回答说："我们沿用的数据库是 Oracle，Mysql 作为备用，您问的是测试方面的问题。"

招聘官疑惑地说："不是吧。我们技术总监说，我们的数据库是黑盒和白盒都有。"

王强笑着说："那您公司的技术总监挺厉害的。"

招聘官一时不知道怎么接话，只好匆忙结束面试。

后来技术总监亲自给王强打电话，邀请其到公司入职。王强还是拒绝了。理由很简单：招聘官纯粹为了显摆自己而提出如此不严谨的问题，这样的公司不会好到哪里去。

在实际招聘过程中，无论是利用面试工具还是设计招聘流程，你都必须明确的问题是：这些工作是否能够促进招聘工作顺利进行。如果不能，你就要反思你做了哪些无用功。

05

反思细节：你忽视了哪些应该做到位的事

有句话说：细节决定成败。在招聘工作中，这句话同样适用。

招聘过程是一个非常复杂、多变的过程。在这个过程中招聘官要对求职者进行全方位的考察，并要留住合适的人才。因此，很多细节问题成了招聘能否取得成功的关键。

我有一位朋友是一家企业的高层管理人员。因为某些原因，他面试了另一家企业。面试的时候，双方交谈特别融洽，对方给的薪酬也远远高于原来企业的薪酬。但是，令我意外的是，朋友最后拒绝了那家企业。他给出以下理由：

第一，他准时到达企业的时候，无法直接进入，因为大门有门禁。但是前台并没有注意到他，于是他打电话给面试邀约人。面试邀约人告知他可以按门铃，前台会给他开门。但是按了很久门铃，没有人应答，因为前台一直在低头玩手机，还戴着耳机。无奈之下，他只好又给面试邀约人打电话。几经周转，才进了该企业；

第二，他在面试区等候的时候，发现旁边的茶几上全是剩下的茶水和散落一桌的零食碎片；

第三，负责人带他进面试区的时候，拿错了简历。

朋友告诉我说，这3个细节让他看到了很关键的信息。

首先，第一个细节让他觉得企业的管理混乱，员工在上班的时候不认真，工作散漫；其次，第二个细节让他觉得企业管理不规范；最后，第三个细节让他觉得企业整体专业度低，自己没有受到重视。从这3个细节，朋友得出的结论是：这家企业发展前景不好。因此朋友果断放弃了入职。

很多人会认为我这位朋友是在"吹毛求疵"。但是仔细想想，这些外在的细微表现，其实才是真正能体现一个企业是否有发展前景的因素。因此，招聘官不要只在乎岗位、员工技能，更要注重把关每一个细节。

在实际招聘过程中，如果招聘效果不佳，你要重点反思以下几个细节问题。

（1）是否建立了完善的人才储备库

人才储备顾名思义，为企业储备人才。但是对很多招聘官而言，"人才储备库"只是一个代名词。他们所做的事情，只是将每一位求职者的简历下载下来，放入文件夹。此后，他们基本上不会再打开这个文件夹。

事实上，如果对这些人才信息进行分类、更新，并且常跟他们保持联系，对提高招聘效果有很大的帮助。所以，这个细节也是不容忽视的。

（2）招聘渠道是否合理，维护和拓展工作是否在进行

前面已经提到过：精心地管理、使用、拓展招聘渠道是招聘官进行招聘的基础和前提。但是，在实际的招聘工作中，招聘官往往会忽视这些问题。常见的状况是：

职位的创建与发布不合理，且招聘官对这件事经常视而不见，听而不闻；

职位连续几天没有收到简历，招聘官都没有主动刷新、置顶、推广招聘信息，并联系招聘顾问解决；

岗位职责不清晰、不详细、不切合公司实际；

招聘网站效果不佳，用人部门整天催着要人，而招聘官却还在刷朋友圈、聊天。

招聘工作出现这些情况，必然会导致无法招聘到人才。因此，必须重视招聘工作中的细节。如果没有一个完善、有效的招聘渠道，招聘工作便无法顺利开展。

（3）是否及时回复求职者的信息

不少招聘官在网上发布招聘信息之后就放手不管了。等到他们想起来招聘这件事的时候，会登录账号查看。这时候他们发现，很多求职者发来了简历并且询问了很多相关问题。而他们在线回复或者打电话过去的时候，很可能得到的答复是"不好意思，我已经找到工作了"，甚至是"不好意思，那是我半年前发的消息"。

其实，这也是一个非常细节的问题，也会严重影响招聘效果。因此，建议招聘官要经常刷新招聘信息，并及时回复求职者提出的问题。此外要注意的是，如果该职位已经停止招聘，一定要及时关闭这条信息，避免造成麻烦。

（4）是否重视每位求职者

招聘官在面试的时候，对面试通过的人会非常热情，而对没有通过面试的人则会爱理不理。很多招聘官认为这样没有什么不妥。但事实上，这个细节会对企业造成一定的影响。

试想一下，如果被淘汰的求职者不久后成了企业合作的大客户或成了企业迫切需求的人才，这个时候你会做何感想。所以，招聘官要认真对待面试成功的求职者，更要关注那些没有通过面试的求职者，避免给企业带来消极影响，造成损失。

例如，在面试结束后，也给他们发面试结果。虽然没有通过，但是可以表示对其非常满意，只是没有合适的职位。此外，还要告知对方会将其简历纳入企业的人才储备库。如果有合适的岗位，一定会通知他。这个时候，即便被企业拒绝了，求职者的内心却是温暖的。以后若真的有合适的机会，他一定会选择加入企业。

除了以上几点，招聘工作中还有很多细节不容忽视。这就要求招聘官必须认真、细心地对待每个招聘环节，对待每位求职者。要相信，任何一件事情做到位了，都会让你离成功更近一步。

第 10 章

高绩效招聘就要这么做

任何一个招聘官都希望实现高绩效招聘，但是现实是他们总是遇到各种问题导致招聘绩效非常低。要解决这个问题，招聘官就要学会评估绩效、制订招聘分析报告、让文化先行、把握时机，并掌握各种特殊招聘情况下的招聘技巧。

01

如何评估你的招聘效果

招聘工作结束后，招聘官应该对此次招聘效果做一次全面、深入、合理、科学的评估。招聘效果评估能让招聘官明确地知道是否达成了招聘目的，招聘渠道是否合适、有效，人才测评的方式是否可靠，招聘周期安排是否合理，所录用的新员工实际工作表现如何……明确这些问题可以帮助招聘官不断改进招聘流程和方法，进而不断提高招聘效率。

具体来说，一次合理的、科学的、完善的招聘效果评估主要从招聘周期、用人部门满意度、招聘成功率、招聘达成率以及招聘成本 5 个方面进行。

（1）招聘周期

招聘周期是指招到招聘岗位所需人才的时间。一般而言，企业招聘的职位都是各部门需要招聘的岗位，而且大多数情况下，用人部门都很着急。对招聘官而言，招聘周期的长短直接决定了用人部门业务开展的速度、效率以及公司项目的进展。也就是说，招聘周期越短，说明招聘官的工作效率越高，越能更好地配合用人部门的工作。这样的招聘官，无疑会深受用人部门和老板的厚爱。

（2）用人部门满意度

用人部门满意度是指，用人部门领导对所招员工的满意程度。招聘来的员工是听从用人部门的安排，为用人部门完成工作任务的。如果用人部门满意度不高，该岗位可能需要重新招聘。

用人部门的满意度主要体现在两个方面：

第一个方面，招聘工作的效率；

第二个方面，招聘员工的质量。

招聘工作的效率不高，会对用人部门的满意度造成一定的影响。而招聘员工的质量，则会直接影响用人部门对招聘官的看法。这里所谓的"质量"，主要体现在员工与岗位的契合度、工作态度和能力等。

招聘效率和员工质量都很关键。相对而言，招聘员工的质量高能够较好地弥补效率的不足，也能提升招聘官的价值和形象。但是，在招聘的过程中，这两件事都不容忽视。

（3）招聘成功率

招聘成功率是指实际成功录用的人数与面试人数的比例。

一般情况下，企业发布招聘岗位之后，都会收到很多简历。招聘官也会根据实际需要，下载部分简历，并做出初步筛选，然后再对适合的求职者发出面试邀约。

招聘成功率主要受两个因素的影响：一个是企业的知名度，另一个是适合企业的招聘渠道。企业的知名度不是招聘官一个人可以改变的，但是选择合适的招聘渠道却是招聘官可以决定的。因此，为了提升招聘成功率，招聘官一定要选择适合企业的招聘渠道。

招聘成功率越高，说明招聘官的工作越有效率。

（4）招聘达成率

招聘达成率是指实际到岗人数与计划招聘人数的比例，主要通过 3 个指标来呈现。

第一个指标，人均招聘费用。人均招聘费用＝总费用／实际录用人员数×100%。该指标数值越小，说明平均费用越少，招聘工作越到位。

第二个指标，员工录用率。员工录用率＝录用人数／应聘人数×100%。该指标越小，说明被录用者素质可能越高。

第三个指标，应聘者比率。应聘者比率＝应聘人数／计划招聘人数×100%。该指标反映招聘信息的发布效果，指标越大说明信息发布效果越好。

招聘官的工作价值就体现在招聘达成率上。招聘达成率越高，招聘的工作价值越大。

（5）招聘成本

招聘成本是指招聘一个职位所花费的费用。

招聘成本包含显性成本和隐性成本。显性成本看得见摸得着，主要包括招聘广告费用、内外部推荐奖金、背景调查费用等。隐性成本是指非直接支出的成本，主要包括人员不合适的替换、员工的沟通、内部协商等成本。

任何一家企业，即便是资金雄厚的大型企业，也不希望招聘成本太高。相反他们更愿意把钱花到员工激励上。因此，如何利用有限的招聘资源招到更多适合企业的高质量人才，才是招聘官的价值和专业水平的体现。

02

为什么你的招聘绩效不高

招聘绩效不高，主要体现在两个方面：一方面是招聘效率不高，另一方面是招聘质量不高。因此，招聘效率和招聘质量是招聘官必须认真思考的问题。

（1）效率就是生命

做任何事情都要讲究效率。同样，招聘也需要效率。在两天内招聘到合适的人才，跟一周内招聘到合适的人才，对企业的影响是不一样的；面试 10 个人一个也没录用，跟面试一个就录用，对用人部门的影响也是不一样的。所以，招聘效率从某种程度上直接影响了企业的利益。

在实际招聘过程中，导致招聘效率不高的原因有以下几点。

第一，招聘过于死板。

我们常常发现这样一种现象。当我们按照用人部门的岗位说明书搜寻简历并安排面试时，用人部门要么觉得求职者经验不行，要么觉得求职者思想不行，要么觉得学历不达标。当你问他到底需要什么样的人的时候，他自己也说不清楚，也很模糊。所以，不要太执着于岗位说明书，要学会灵活应对。

第二，招聘官对招聘的岗位不熟悉。

隔行如隔山。但是作为招聘官，要为用人部门选拔合适的人才，就必须

179

了解其工作情况、岗位职责、行业基本常识。如果我们能够了解行业、职位的一些基本常识、面试的要素等，就会节省很多时间，大大提高效率。

第三，见好不会收。

人们常说，做事情要学会"见好就收"，因为说不定后面的还没有之前的好。对招聘官而言，也是如此。

在实际的面试、录用过程中，招聘官常常会提供多个候选人供用人部门选择。这种想法其实是片面的。因为用人部门会看花眼。而且面试得多了，总以为还会有更好的。这不仅会增加你的工作量，而且会严重降低招聘效率。

所以，当用人部门觉得候选人还可以的时候，你就不用画蛇添足再推荐，而是要赶紧确定入职意向、谈薪酬、办理入职。要知道，你还有很多职位需要招聘。

第四，没有及时回复，及时跟进。

常常听到求职者这样的抱怨："发完简历就没下文了""我说晚些时间联系，招聘官却没回复"……面对这样的情况，求职者很可能会选择给下一家公司投递简历、参加面试。所以，招聘官不要总是拿自己很忙的理由来搪塞求职者。当然，或许收到简历的时候在忙，但是请你及时回复，及时跟进，因为与求职者联系的招聘官不止你一个。

招聘进展得顺利与否有多方面的原因，但是效率绝对是关键因素。高效率给人的感觉不仅仅是你做事干练、迅速，更多的是你能力的体现，是你工作责任心的体现。因此，在招聘效率不高的时候，要思考如何提高招聘效率。

（2）招聘质量是招聘成功的关键

招聘效率更多体现的是招聘官的工作成果和能力，而招聘质量才是招聘成功的重要体现。即便招聘效率再高，招聘人才的质量不符合标准，招聘也是失败的。所以，招聘官在关注效率的同时，一定要确保招聘质量。

招聘质量，是指人才与岗位、企业的匹配度。匹配的精准度越高，招聘质量越好。

我曾问过一个做招聘官的朋友这样一个问题："对招聘而言，没有人参加面试与精准度不高，你更不喜欢哪一个？"

朋友的回答是："肯定是精准度不高。没人面试，至少我可以安静地敲会儿代码，美美地休息一会儿，安排一下工作。但如果口干舌燥地面试了一个上午，一个都不合适，肯定会让我崩溃。"

从朋友的回答可以看出，招聘精准度对一个招聘官的重要性。那么，造成精准度不高的原因有哪些呢？

第一，没有深刻理解用人部门的需求。

接到招聘申请就去招聘，只做电话搬运工，没有和用人部门深度交流，不了解用人部门的工作流程、要求，这些都是影响招聘质量的关键因素。

第二，没有做好面试评估和背景调查。

现在的求职者很会包装，简历水分过多。面试的时候没有很好地做评估，没有做背景调查，被录用者面试前与面试后的差别很大，这也是精准度不高的一个原因。

第三，没有了解用人部门的关键词。

在实际的招聘工作中，面面俱到、十全十美的人才几乎是不存在的。因此，用人部门也会反复强调：抓住关键词。例如，有的岗位强调学历，有的岗位强调技术，有的岗位强调大平台的工作经历等。只有掌握用人部门的关键词，才能精准锁定人才。

第四，没有了解求职者与公司的发展规划。

每个人都有自己的追求，且每个人的追求都不一样。如果一个求职者期望做管理者，而公司在未来几年内提供的都是基层岗位，那么很适合也这个人即使不要录用。

任何一个招聘官都希望自己能够在最短的时间内为用人部门招到最合适的人才。如果你也希望能够做到效率和质量兼顾，就一定要明白影响招聘效率的原因，并要掌握解决问题的技巧和方案。

03

被动招聘是常态，主动招聘是趋势

被动招聘是现在企业招聘工作的一种常态。所谓的被动招聘是指，用人部门下达招聘任务，招聘官开始按照岗位说明书以及用人部门的要求进行招聘。而主动招聘，强调的是通过主动搜寻、主动联系的方式寻找人才，建立人才的日常储备，并提倡使用主动介绍、主动邀约、沟通说服的方式吸引人才加入公司。与被动招聘相比，主动招聘更能满足用人部门的不时之需，更有助于项目的推进。因此，主动招聘才是发展趋势，也是招聘官工作的方向。

那么，如何主动开展招聘呢？

（1）熟悉并了解公司的业务、发展模式，深知公司的发展战略

一个医生如果不了解病人的实际病情就盲目地开药，结果很可能令病人的病情加重；一个司机如果不了解行驶路线就盲目上路，多半会偏离目的地。同理，如果一个招聘官连公司的业务、发展模式和发展战略都不清楚，就无法主动、积极地开展招聘工作，体现自身的价值。

没事不要待在办公室，要学会主动出击。

除了面试和开会，招聘官大部分时间都是在办公室度过的。如果用人部门不是急需用人的话，很多招聘官的工作常态是坐在办公室喝咖啡、玩手机。这种常态常常会导致：

求职者与岗位不匹配；

用人部门对求职者不满意；

员工工作不到三天就离职，或者被用人部门辞退，因此，你还要重新开始招聘；

项目无法推进，用人部门、老板开始不停地催促你；

…………

这些事情在招聘工作中屡见不鲜。而要避免以上这些情况发生，招聘官必须做的事情就是，不要总是待在办公室，要学会主动出击。

招聘官要主动出击了解求职者的想法、需求，也要清楚用人部门的实际工作进展、明确的用人需求、了解用人部门的工作计划、用人部门的构架以及人员配置，以及时做好人员储备和补充。以待用人部门急需人才的时候，能够为他们"雪中送炭"。

（2）不要停止招聘，岗位及时更新、及时发布

对优秀的招聘官而言，招聘是没有结束期的。

招聘官千万不要认为，候选人入职了你就万事大吉了。你要知道，候选人以及用人部门都是非常不稳定的。也许两三天后，候选人认为自己不适合这份工作而离职，也有可能用人部门认为求职者不适合这份工作而辞退他。这个时候，你又要重启你的招聘工作。这样只会大大增加你的工作量和工作成本。

所以，在候选人入职后，也不要立即停止招聘，而是要对岗位进行及时更新或者重新发布岗位招聘信息。对招聘工作而言，"以变应变"才是硬道理。

（3）以同等或高于现有人员的能力和水平做好人员储备

现有人员也许不是最优秀的，但一定是适合公司发展且能够发挥出价值的。为了确保储备的人才能够更加适合公司的发展，在做人才储备的时候，就要以同等或高于现有人员的能力和水平做好储备。

面对心仪的姑娘，男孩子只有主动出击，付出真诚，才能俘获姑娘的芳心。同样的道理，招聘官们只有主动出击，主动推进招聘，才能储备好人才，才能在公司快速发展的过程中，充分体现核心人才带来的价值，才能使公司在激烈的市场竞争中顺势而上。

在人才竞争激烈的今天，如果你能如期地完成招聘计划，说明你在用心工作；如果招聘的员工能够在短时间内发挥作用，说明你带着责任心在做招聘；如果招聘的员工超出用人部门负责人的想象，那就说明你充分了解公司的业务发展，并且在主动地推进招聘。

04

你需要做一份招聘分析报告

很多招聘官在工作了一段时间后，会有这样的感受：经过一段时间的招聘，取得了一定的成效，也遇到了一些问题需要改进……但是究竟哪里做得比较好哪里不足，他们并不明确。这就好像你自己身体不舒服，但是又说不出具体的病症是一样的。因此，我们需要给身体做一个全面的检查，得出一份体检报告，然后才能对症下药。同样的道理，招聘分析报告对招聘官的工作而言也起着"体检"的作用。

在一次 HR 沙龙上，我认识了一位知名传媒公司的老板叶总，我们相谈甚欢。但是，谈到人力资源问题，特别是招聘问题的时候，叶总一度沉默不语。沉默了一会儿后，他说："我们公司的招聘官，看上去每天都很忙。他们不停地打电话约面试，结果是招聘费用高，却一点儿效果都没有。他们每天都要申请招聘费用，但是从没有人向我汇报过招聘中出现的问题，没有问过我这些问题应该如何处理。我不知道我是不是要辞退他们。为此我感到非常困扰。"

为什么你的招聘没有价值？为什么你的招聘不被领导认可？为什么你的招聘没有思路？其实很大一部分原因在于你只知道埋头打电话、面试，却不知道分析招聘中存在的问题，并积极寻找问题的解决方案。

解决这个问题其实很简单，就是做一份招聘分析报告，让你的老板看到你的工作结果，帮助你分析并解决招聘工作中遇到的难题。

一份完善的招聘分析报告应该包含哪些项目呢？

（1）月度分析报告——关键词

一般情况下，任何报告、文件都应该有关键词。招聘分析报告的关键词包括：简历初选通过率、有效简历率、初试通过率、复试通过率、报到率、招聘计划完成率、人均招聘费用、招聘渠道分布、录用人员信息分布等。

（2）月度分析报告——摘要

> **参考样本：**
>
> 本月人力资源部共对_____份简历进行了初步筛选，简历初选通过率为_____，有效简历率为_____，初试通过率为_____，复试合格率为_____，报到率为_____，招聘计划完成率为_____，最终录用_____人，人均招聘费用为_____元。

（3）月度分析报告——简介

月度分析报告简介的内容大致分为 3 个部分。

第一部分：目的。

> **参考样本：**
>
> 本报告是对各部门及各子公司招聘工作的衡量和分析，适用对象为公司高层领导、各部门经理、招聘专业人员等。

第二部分：范围。

> **参考样本：**
>
> 本报告衡量和分析的范围为_____年_____月及各子公司招聘计划完成率，并通过简历初选通过率、有效简历率、笔试通过率、复试通过率、报到率、招聘计划完成率、人均招聘费用、录用人员信息渠道分布等指标进行说明。

第三部分：数据来源。

> **参考样本：**
>
> 本报告计算使用的原始数据来源为由_____拟制，经公司主管领导批准的_____月招聘计划_____月招聘工作总结。

（4）月度分析报告——衡量指标分析

衡量指标分析可以参考以下几个公式。

公式一：简历初选通过率 = 人力资源部初选合格简历数 / 收到的简历总数；

公式二：有效简历率 = 部门选择合格简历通知面试的人数 /HR 初选合格简历数；

公式三：笔试（初试）通过率 = 笔试（初试）通过人数 / 面试总人数；

公式四：复试（录用）合格率 = 录用人数 / 初试通过人数；

公式五：报到率（结果指标）= 实际报到人数 / 发出录取通知人数；

公式六：招聘计划完成率（结果指标）= 实际报到人数 / 该月需求人数；

公式七：人均招聘成本 = 总招聘成本 / 实际报到人数。

（5）月度分析报告——存在的问题及解决办法

这部分内容需要根据实际情况展开。招聘官可以结合公司实际，描述招聘中存在的问题，并给出相应的解决方案。

就招聘而言，招聘的价值也是招聘官的价值，也是招聘官在公司存在的理由。这个价值在老板看来就是你的招聘结果和效果。所以，在招聘工作结束后，你需要做一份招聘分析报告。

做招聘分析报告，一来可以检验自己的工作成果，二来可以发现问题，并向领导请教问题，最终提高自己的招聘效果。事实上，绝大多数老板都是通情达理的人，你在工作中遇到的问题，很可能他们之前也遇到过，或者他们对如何应对这些问题更有经验。因此，做一份完善的招聘分析报告，与老板一起探讨解决问题的方案，是一件非常有价值的事情。这样不仅可以有效解决问题，提升招聘效果，还能增进上下级之间的情感，便于工作顺利开展。

对老板而言，他们喜欢的正是这样的招聘官。

05

优化招聘，让企业文化先行

企业文化，是指企业的价值观、理念、处事方式等组成的其特有的文化形象。简单来说，就是企业在日常运行中所表现出来的各个方面。企业文化是企业的灵魂与核心，对企业生存和发展的重要性不言而喻。因此，优化招聘，要让企业文化先行，即要从人力资源的入口就开始贯彻企业文化。只有这样，才能为企业招到合适的人才，才能有效降低人才流失率。

我曾有幸拜访过博思人才创始人、董事长滕超臣先生。当时跟滕总约的地点是大学科技园博思总部。那天抵达公司后，滕总没有像其他老总那样直接走进办公室，而是先带着我参观了博思的办公环境，每到一处都会很认真地给我讲解。例如，他会说这是博思的荣誉墙、培训室、洽谈室、办公区等，甚至每个员工的工位、名字、负责的具体板块都清清楚楚。参观一番后，他才走进他的办公室，并详细跟我介绍了博思的发展历程、现在的主营业务、薪酬构架、用人要求以及对行业的看法等。

除了感慨滕总的专业外，更让我有深刻感触的是他们的企业文化。我当时在想，如果我是来应聘的人，一定会被这家公司的企业文化吸引。但是在实际的招聘工作中，大多数招聘官只会简单看看简历、打个电话，他们没有将公司的文化融入招聘中。

招聘已经不再是简单地看简历、打电话、发 Offer，更多地承载了企业文化的宣传。那么在实际的招聘工作中，如何做才能让企业文化先行？

（1）以企业文化为主导进行招聘

企业文化能够影响和规范员工的行为和思想，引导员工以最佳的行为方式行事完成任务。在实际工作中，如果员工的价值观与企业文化相符，就会积极、主动地完成任务；否则，员工则会消极懈怠地对待工作，阻碍公司的发展。因此，在招聘的过程中，一定要以企业文化为主导进行招聘。

（2）在招聘过程中宣传企业文化

招聘可以为企业选择合适的人才，同时也可以起到宣传企业文化的作用。企业在招聘的过程中，应该树立宣传企业文化的观念，并将其落实到实处。

一般来说，在招聘过程中，宣传企业文化要注意三点。

第一，要选拔与企业文化相适应的求职者。员工是企业文化的第一载体，也是企业文化的传播者。因此，在选拔人才的时候，招聘官要通过求职者的个性特点、个人修养、知识水平等方面，判断其是否适应企业文化的要求。只有能够认同和理解企业文化的人，才能成为和企业价值观一致的人才，才能积极、主动地宣传企业文化。

第二，在招聘过程中，融入和企业文化相关的考核。在选拔人才的过程中，招聘官可以将企业价值观分解为员工的核心能力要求并对员工进行考核。这个环节尽量放在淘汰之前，这样被淘汰的人也可以了解更多企业文化，进而起到宣传企业文化的作用。

第三，善待淘汰者。招聘官应该清楚地知道，即便是淘汰者，也是企业潜在的人力资源或客户。因此，要善待淘汰者。这对企业文化和形象的宣传也有非常深远的影响。

以企业文化为主导进行招聘，就好比船在大海中找到了方向。这样能够提高招聘人才的精准度。而在招聘过程中宣传企业文化，不仅可以吸引志趣相投的求职者，还可以扩大企业知名度，这对企业今后的招聘工作和企业未来发展都有积极作用。因此，要想实现高效招聘，必须懂得让企业文化先行。

06

认真思考一下：员工到底需要什么

近些年来，评选"最佳雇主"逐渐成了各大企业争相逐鹿的落脚点。似乎大家都认为，只有拿到了"最佳雇主"的头衔，才称得上是一个优秀的企业，才能招聘到更优秀的人才。事实上，对任何一个企业而言，招聘成功的关键不在于你是否"最佳雇主"，而在于你是否认真思考了员工到底需要什么。只有弄清楚员工的需求并满足他们的需求，才是招聘的关键。

但是绝大多数的企业并不能认识到这一点，他们还是热衷于"最佳雇主"。事实上，成为"最佳雇主"并不意味着高绩效招聘。我们来看看以下几个问题。

第一个问题，最佳雇主为谁而评？

最佳雇主的评选应该站在谁的角度？员工、股东还是招聘官？简单来说，"最佳雇主"到底是谁眼中的"最佳"？

一般情况下，评选最佳雇主都是一些招聘网站策划的活动。对他们而言，评判标准是花费高、收到的简历多。但是，这并不意味着你的企业对求职者而言是"最佳"。所以说，这个问题其实是一个伪命题。或者说，得到这个"最佳"对促进招聘工作而言没有很大意义。

第二个问题，为什么每年的"最佳雇主"都是那几家？

如果细心，你一定会发现一个问题：各招聘平台每年评选出来的最佳雇主翻来覆去都是那几家。

即便经过了三五年，上台领奖的依然是熟悉的知名企业。为什么其他企业没有赶上来，没有得到这个奖项？主要原因是经济实力、影响力和知名度，这些是一些小企业很难在短时间内赶超的。

第三个问题，最佳雇主，对招聘有多大帮助？

不可否认的是，"最佳雇主"对企业而言是一种荣誉，一种象征，对求职者多少会产生一定的吸引力。但是在关键时刻，求职者看重的依然是薪酬福利、晋升机会、发展空间等。他们不会因为你是"最佳雇主"，就毫不犹豫选择加入。

第四个问题，你为朋友圈的"最佳雇主"投过票吗？

相信有微信的人，会常常在朋友圈看到各种投票信息，"最佳雇主"投票无疑也是其中之一。

每年的最佳雇主评选时期，各大企业的工作人员都会将投票信息转发到朋友圈，并全力号召身边的朋友为自己的企业投票。试想一下，这样的投票选出来的"最佳雇主"有实际意义吗？

第五个问题，获得"最佳雇主"的企业，员工敬业度就会很高吗？

全球领先人力资源公司怡安翰威特在调研了全球范围内 1000 余家企业的 500 多万名员工后，在其报告《2017 年全球员工敬业度趋势报告》中指出：员工敬业度自 2012 年以来首次出现下滑，从 2015 年的 65% 下降至 63%，只有 24% 的员工认为自己非常敬业，39% 的员工认为自己比较敬业。值得注意的是，亚太地区的员工敬业度降幅最为明显，从 2015 年的 65% 下降至 62%。

由此可见，是否最佳雇主，与员工敬业度、幸福感没有太大关系。

我们都知道企业如此热衷于参加最佳雇主评选是为了打造"雇主品牌"，而企业之所以如此看重"雇主品牌"，更根本的原因是人才难得，留人不易。

但是，吸引求职者，提高员工敬业度，进而改善员工留任情况的关键，一定是抓住员工的心，而不是一个"最佳雇主"的空口号，更不是一个没有意义的奖杯。

所以，与其花时间和精力去争夺"最佳雇主"，不如花更多的时间和精力去了解求职者，了解你的员工真正需要什么。换句话说，招聘官要清楚地知道，只有求职者或者员工认为你是"最佳雇主"的时候，这个头衔才有含金量和吸引力，才能为企业真心带来利益。

07

招聘效果最好的时机

英国著名思想家、文学家弗朗西斯·培根曾说过，人在开始做事前要像千眼神那样察看时机，而在进行时要像千手神那样抓住时机。对招聘这件事而言，也是如此。要想提升招聘效果，必须懂得把握最好的时机。而招聘最好的时机是年底。

（1）年底招聘，竞争压力小

一般而言，春季的三四月份是人才流动的高峰期，也就是人们常说的招聘旺季。这个时候，人才多，机会多。但在人才、简历多的情况下，也意味着求职者可以选择的空间和机会更多，对薪酬、环境、职位往往有着更高的要求，面试入职率会明显下降。也就是说，如果公司不是行业名企、薪酬福利不占优势，年后的招聘压力无疑会增大。因此，对中小型公司而言，年底进行招聘竞争压力相对较小。

（2）年底招聘，网站优惠幅度更大

年底的时候，招聘官接到的最多的电话应该是招聘网站的招聘顾问打来的。他们网站会在年底开展优惠活动，推出各种各样的优惠套餐和政策。这相对于年后而言，将为公司节省一笔不小的招聘费用。

（3）年底招聘，求职者诚意度更高

年底的时候，天气比较冷，经常会遇到下雨、下雪等恶劣天气。试想一下，如果求职者能够冒着严寒，挤着公交、地铁来参加面试，那一定说明他很有诚意，加入公司的意愿也比较强，对个人要求也比较严格。这样的人才，其入职率一般都比较高。

（4）年底招聘，先人一步

年底预约面试，也许求职者会因为马上就要过年的原因，而不会立刻答应你面试的时间或者入职时间。但是，他们一定会记住：年前有一家公司约我面试。年后，他们自然会优先考虑这家公司。

这样年后我们就能先人一步，更好地把握机会。如果年前就能把招聘工作做到位，那么年后员工就可以直接上岗。这样一来，我们不仅完美地错开了招聘高峰期，公司的项目也可以顺利推进。这岂不是一件对公司发展非常有利的事情。

（5）年底招聘，为年后的招聘树立正面影响

春节前夕招聘到位，那么年后就可以即刻开始培训工作。年后最早的求职者过来面试的时候，看到公司有大批新员工已经在接受培训了，他心里面会想：这家公司肯定待遇、福利、管理各方面都很不错，要不然也不会入职这么多新员工。与此同时，公司正规、高效、人性的一面，就会展现出来。这对于招聘而言，无疑是最大的帮助。

年底是最难招聘的时候，但也是招聘效果最好的时候。如果你能在最难的时候把事情做到最好，那么你的价值就会显现出来，毕竟这样的人不多。

08

特殊情况下，招聘如何开展

在正常情况下，招聘官会在用人部门需要人才的时候，或者企业需要储备人才的时候进行招聘。但是在实际招聘过程中，难免会遇到一些特殊情况。那么，在遇到特殊情况的时候，招聘工作应该如何开展？

丽丽是某教育集团的人力资源总监。某天，丽丽接到了一个艰巨的招聘任务：公司新签约了一个培训项目，因为投资方的原因，项目亟待运营，并且需要一个月内入职 50 人。这是董事长下的死命令，也就意味着完不成任务后果很严重！

令人头疼的是，此时已经是招聘淡季，而且学生们刚刚放假，意味着校园招聘无法展开。对于这个刚刚走马上任的人力资源总监而言，这无疑是一个艰难的挑战。

为了尽快完成任务，在丽丽的邀请之下，我和他们公司董事长进行了沟通。在充分了解项目的运营状况之后，董事长的格局、眼光告诉我，完成招聘任务并不是很大的问题。我和丽丽认真沟通交流后，很快拿出了解决方案。于是，一场"时间短、任务重"的招聘工作顺利开始啦。

（1）启动员工招聘大会

"万事开头难"，只要敢于迈出第一步，后面自然会简单很多。因此，我们首先启动了员工招聘大会，成立了临时招聘小组。人力资源部负责组织这件事，邀请董事长参与。委任董事长担任临时招聘小组的组长，人力资源总监则担任副组长，具体负责方案实施。

这样做的目的：

第一，启动招聘大会，并邀请董事长参与，说明了这次招聘的重要性；

第二，董事长担任组长，体现了对这次招聘的重视，同时也是在告诉其他部门：老大都亲自参与了，你们更要积极配合工作。

（2）招聘先行，并让其他部门参与其中

开启招聘大会后，下一步自然是积极工作，让招聘先行。

开始招聘的时候，我们从其他部门临时调人过来，参与到招聘工作中，并详细安排了工作任务给他们，如电话邀约、面试、筛选简历等。从其他部门调人：一是配合工作，二是增加彼此的了解，加强彼此的协作关系和融洽度，三是为了让其他部门也知道招聘的困难性，体谅人力资源部门的工作。

为了提高工作效率，我们还制定了硬性指标，如电话量、简历量。毕竟，"量变引起质变"这句话是亘古不变的道理。

招聘官始终要记得，招聘并不仅仅是人力资源部的事情，也需要其他部门的紧密配合，尤其是在特殊情况下。

（3）在经济允许的情况下，尽可能开通所有的招聘网站

在短时间内要招聘大量的人才，最直接的方法无疑是尽可能开通所有的招聘网站。当然，这样做的前提是经济条件允许。

尽管网络招聘的效果远不如从前，但还是招聘的中坚力量。在这个特殊的时候，就不要过多考虑渠道是否与行业符合了，你要做的是"广撒网"。要知道，拾到菜篮子的都是菜，至于合不合口就等以后再说。

（4）联系校园招聘会

尽管学生刚放假，我们错过了最佳招聘时间，但并不意味着一点机会都没有，肯定还有很多学生因为这样那样的原因没有找工作或没有找到合适的工作。因此，在特殊情况下，不妨试试这种方法。

（5）适当降低用人标准、提高薪资

在人才需求十分紧急的情况下，有人干活儿就显得十分重要。所以，这个时候不是挑三拣四、挑肥拣瘦的时候。因此不要再过于追求学历、经验、行业匹配等条件，这样只会拉长招聘战线，导致项目无法推进，企业承受巨大的损失。

与此同时，薪资可以适当提高。薪资对招聘的重要性不言而喻，但是人力资源部门一定要考虑，薪酬如何设计，如何通过绩效实现平衡。因为还有很多老员工在看着，不要"招来女婿，气走了儿子"，那就有点得不偿失了。

（6）社群招聘、悬赏招聘，一个都不能少

社群的概念和意义很广泛，在此我们仅仅讨论微信群、QQ 群。在急需用人的时候，采取社群招聘也是一种不错的选择。

　　在社群发布招聘信息的时候，一定要不定时勤发，且要突出公司的核心优势。例如，双休、五险一金、自由工作时间等。勤发是为了吸引别人的关注，关注的人多了，自然就有人咨询、发简历、面试。

　　除此之外，还可以利用社群或者社交平台进行悬赏招聘。现如今的悬赏招聘，不再是简单的推荐一个人奖励多少钱，而是只要把招聘信息转发到朋友圈就能领红包，候选人成功入职还有红包。转发得越早得到的钱越多。这种把招聘嫁接到互联网、微信、自媒体的创意大大迎合了"90后"乃至"00后"的心理：在玩的同时，还能赚到钱。对于招聘工作而言，其效果也非常好。

　　采取了以上这些措施后，我们最终在26天内成功招聘入职了66人，顺利完成了招聘任务。

　　在这里想给招聘官提出的建议是，无论在招聘工作中遇到什么样的困难，只要你不怕麻烦，能够掌握招聘的技巧和方法，再大的困难也可以克服。这不仅是招聘官能力的体现，更是招聘官在公司立足的根基。

第 章

11

不同类型人才的
招聘策略

不同类型的人才，其能力、性格、
爱好等不同，招聘官要想从中选拔出适
合企业的人才，就必须掌握不同类型人
才的招聘策略。

01

教育人才的招聘策略

教育行业范围广，这里所提到的教育行业，特指公立学校之外的社会教育机构、私人机构、培训班等。

教育行业是孕育人类灵魂的工程师行业。伴随着中国经济的快速发展，教育行业得到了前所未有的改变和发展。中国父母对孩子的教育越来越重视，因此催生了很多社会教育机构。

相对于国家主导的公立学校，社会教育机构在工作稳定性、社会福利、薪酬等各个方面都不是很占优势，因此人才引进成了社会教育机构的一个大难题。

下面，我们就来盘点这些难题并找到解决方法。

（1）寻找合适的人才引进渠道

社会教育机构大多以公司的形式进行运营，因此传统的招聘渠道也可以适用。例如，公司内部的人才梯队建设、培训体制的建立、与各大高校的长期稳定合作关系等，这些都是很好的人才引进渠道和方式。

（2）给求职者"安全感"

在国人的传统观念中，公立学校有编制，工作稳定，相当于"铁饭碗"。而社会教育机构则完全相反。在这里工作没有安全感，面临着随时被辞退的风险。在这种情况下，越来越多的人不愿意在教育机构当老师。他们更愿意花时间去看书，参加编制考试。社会教育机构的招聘工作就变得越来越困难。即便招到了合适的人才，也常常是干了两三天就辞职。

要解决这一问题，可以采取的有效措施是：社会教育机构在和老师（求职者）建立劳动关系签订劳动合同的时候，可以将合同期限的时间适当延长一些，并且要适当提高工龄奖、长期服务奖等。

我曾见过这样一个私立学校。在他们学校只要工作满 3 年的老师，可以直接奖励 50000 元，工作满 5 年奖励 80000 元，工作满 10 年奖励 150000 元，且可以低价购买学校投资建设的商品房。正是因为这种政策，该学校的招聘工作效果非常好，且入职的老师都非常积极地投入工作。所以，如果你们的招聘效果不好，不妨向这家学校学一学。

（3）给求职者更好的福利

近些年来，社会教育机构的薪资提升了很多。但是伴随而来的是超负荷的工作量、经常加班加点的工作状态。员工几乎没有自己的时间，更没有时间陪伴家人。这样的工作环境无疑会让很多求职者望而却步。

社会教育机构以营利为最终目的，因此考核很严格，压力大并不是什么新鲜事。但是如果这件事成为求职者望而却步的原因，招聘官就不得不想办法解决这个问题了。

面对这个问题，可以采取的有效措施是：采取宽带薪酬、灵活工作时间或给员工更好的社会福利，如员工孩子免费入学、免费教育、父母孝顺基金、儿童成长基金、员工低息或无息买房、和事业单位一样的社保缴纳比例，等等。另外，课时费的提高、班次的灵活排班，都是吸引优秀教师、稳定教师队伍的绝佳策略。

　　除了以上这些招聘策略，招聘官还要格外注意的事情是——背景调查。尽管教育行业备受人们的尊崇，但近些年来的一些恶性事件，也让这个明星行业备受争议，如"红黄蓝幼儿园事件""携程公司幼儿园事件"，一时间更是把老师这个行业推向了舆论的风口浪尖。因此，教育行业从业者的素质、修养、人品等，也是招聘官必须重点关注的方面。

02

门店导购的招聘策略

　　在门店销售中，直接与顾客接触的是导购员。在购物的过程中，顾客遇到任何问题都可以和导购员进行沟通。因此，从某种程度上说，导购员的能力、素质、知识水平的高低直接影响着顾客的购买决策。而门店要招到能力高、素质高的导购员并不是一件简单的事情。

　　经常陪朋友逛街以及职业敏感的缘故，我常常会仔细观察导购员。这些导购员大部分是年轻、漂亮、时尚的女孩。她们举止大方、反应敏捷、口齿清晰、极具亲和力、表达能力强。但学历一般较低，初中、中专学历者居多，大专及以上的人少之又少。虽然学历不高，但是她们有很高的职业素养。她们的工作几乎是要站一整天，但是无论多累，她们对待客人都是笑脸相迎。

　　从公司的角度看，公司不会过于在乎导购的学历，更看重的是年龄、外貌、身材、职业素养等。但是这种"吃青春饭"的职业，一般人都会慎重考虑。因此，招聘合适的导购员也成了门店的痛点。

综合各方面的信息，我总结了几点建议仅供门店的招聘官参考。

（1）选用基础类的招聘网站

导购员的学历一般较低，这也就决定了他们一般不会活跃在高端人才网站。因此，在选择招聘渠道的时候，要尽量选用一些基础类的招聘网站。

基础类的招聘网站信息较多、覆盖面较广、流量大，能让这些求职者更加容易接触到招聘信息。此外，招聘官要注意的是，在写招聘信息的时候，要尽量将商品信息、上下班时间以及薪资交代清楚。对这些求职者而言，他们最关心的莫过于这些。清楚标明这些信息之后，他们要是有求职意向，很可能会主动打电话给你。

（2）采用共享提成的薪资模式

一般而言，导购员的提成都是个人业绩提成，简单理解就是销售的商品越多，提成就越多。这样的提成形式虽然有助于提升他们的竞争意识，但也带来了不少问题，如容易抢客户、明争暗斗、团队不团结等。

为了避免这种情况发生，可以采取共享提成的薪资模式。共享提成是指每个人都提店的总业绩，即每个人的业绩都是在为店里做贡献，每个人都不是孤立的存在。这样他们就会明白如果总业绩不好，大家提成都不会太高，进而会共同协作，提高店里的总业绩。这时候也就不用担心他们的自主性、积极性不高。

（3）采用错峰工时制

一般而言，导购员工作量比较大的时间集中在周末以及节假日。为了让他们在其他时间能够更好地休息，可以在不忙的时候采取错峰的工作时

间制度。例如，上午 11：00 之前人流量不大，那么接班的导购就可以下午
2：00 过来接班，而第三个则可以晚上 6：00 过来接班。这样就可以完美地
错开忙时和非忙时。

对员工而言，有时间睡个懒觉、洗洗衣服、与恋人甜蜜一会儿，更能提
高对企业的归属感和对工作的积极性。

（4）人性化管理是最好的招聘

绝大多数导购员对社保、年假、体检之类的福利的认识比较模糊，如果
公司可以完整地提供这些福利，将更有助于招聘工作顺利开展。例如，满足
条件的导购员缴纳社保、淡季的时候集体外出旅游、参加公司年会、定期体
检、女员工的痛经假、婚假、产假等，都是留下他们的最好方式。

如果这些都可以做到，老员工还会主动、积极地介绍新人过来。这将会
大大提高招聘效率。

（5）融入他们的圈子

导购员的圈子里都是导购员，他们在一起讨论最多的是公司的产品、薪
资、作息时间。所以加入导购员社群、融入他们的圈子，你可以更加深入、
全面地了解他们，倾听他们的心声。对他们了解越多，招聘也就越容易。

（6）制定简单的薪酬制度和晋升制度

任何一个导购员都希望拿到奖金、业绩提成，希望通过自己的努力晋
升。但是，他们对 KPI（关键绩效指标）、平衡记分卡这些专业名词并不了
解。因此，招聘官在招聘的时候不要对他们高谈阔论什么是 KPI、什么是平
衡记分卡，你只要告诉他们这个月你需要卖出去多少商品，业绩完成了奖金
有多少，连续几个月达成什么绩效可以获得晋升等。

我一直都认为，人才靠吸引而来，而不是招聘而来。与其招聘花费太多的财力、物力、人力，不如把这些投入到企业文化建设、人性化管理、品牌实力提升中，以给员工提供一个健康、稳定、长期发展的平台和空间。若能做到这样，招聘官就不用为招不到人才发愁了。

招聘导购员也是如此。商贸公司的招聘官总抱怨说：导购员难招、流动性大、求职者挑剔。我们不妨设想下，如果品牌足够大、实力足够强、人性化管理足够好、企业文化建设足够好，还担心没有导购员加入你们吗？必然不会。所以，不要把时间和精力花费在抱怨上，而是要花更多的时间提升自己的能力，优化企业的管理制度，提升企业的知名度。

03

程序员的招聘策略

每年的 10 月 24 日是中国程序员日。在这种特殊的日子，一般公司都会给程序员一些特殊的、专项的福利。例如，放半天假或发奖金等。之所以会有这么一个特殊的日子，是因为程序员确实是比较忙、比较累的职业，也是技术含量非常高的岗位。对企业来说，要想招聘一个技术含量高且认真敬业的程序员也是一件非常困难的事情。

程序员多出现在互联网、软件、技术为主的公司。这类人员的招聘，多呈现两极分化的局面：一方面是刚毕业或经验在 2 年左右的人才一抓一大把，但是他们往往不符合公司目前的用人需求；另一方面是经验 5 年以上，已经做到管理层，换工作的人才少之又少。而这无疑增加了程序员人才招聘的难度。

虽然招聘技术精湛且经验丰富的程序员比较困难，但并不是办不到的事情。招聘官在招聘程序员的时候，可以采取以下几种方法。

（1）选择合适的招聘渠道

技术行业都有其行业特性，程序员也是如此。因此，他们找工作的时候一般不会去一些综合性网站，而是会选择一些专业细分、垂直领域的网站。

（2）适当了解程序员的"语言"

每个行业都有每个行业的圈子、交流方式。对程序员而言，平时交流最多的莫过于代码。所以，要想招聘到合适的程序员，招聘官就很有必要了解一些代码、前端、行业的基础语言、基本知识和基本规则等。这样交流起来会更加顺畅，而且还会令求职者对你刮目相看，他们会认为公司的招聘官都如此专业，公司的实力肯定不容小觑。

（3）把目光放在北上广深的游子们身上

在中国，互联网行业发展最好的莫过于北京、上海、广州、深圳这些一线城市。那里拥有一流的行业技术、前端咨询，有最优质的创业机会、融资机会。那里无疑是最适合程序员发展的地方。但是，不可否认的是，北京、上海、广州、深圳的房价、生活成本也是不菲的。在这种压力下，不少人才会选择回归自己的家乡发展。所以，即便你的公司不在北京、上海、广州、深圳，你可以将眼光锁定在从这些地方回归的游子身上。

（4）挖掘程序员背后的人才

一般而言，在程序员的圈子里程序员偏多。所以说，当你认识一位程序员，就等于认识了很多程序员。例如，做 JAVA 的程序员可能认识做安卓、前端、设计等方面的程序员。如果可以让他们帮你推荐，你一定会省下不少时间和精力。而且物以类聚、人以群分，他们推荐的人才的思想、技能水平往往和他们在一个水平线上。所以，无论是提升招聘效率还是精准度，挖掘程序员背后的人才都一个不错的招聘方法。

（5）用他们喜欢的方式沟通

相信大多数人对程序员的印象是比较内向，不善于沟通。因此，为了拉近和程序员之间的距离，促进招聘成功，招聘官就必须用他们喜欢的方式与他们沟通。此外，在聊天的时候，还要多点耐心、热心和包容心。

（6）让技术部门予以协助

术业有专攻。招聘官对程序员的专业知识的了解是有限的，因此在看简历或者和程序员沟通的时候，遇到不明白、不理解的问题、语言、名词等，可以及时请教技术部门。这个时候，一定不要不懂装懂。因为，你认为合适的简历，技术部门未必觉得合适。所以，为了保险起见，且站在提升招聘效率的角度，招聘官可以把简历发给技术部门请其查阅。如果技术部门觉得合适，那么可以继续进行下一步面试工作。面试的时候，也要以技术部门负责人为主，招聘官则旁听、学习。这都是在为以后的招聘工作奠定基础。

（7）多与大家共享简历、信息

近些年来"共享经济"盛行。对招聘来说，也可以采取共享模式。

在招聘的过程中，不适合自己公司的人才未必不适合其他公司，同样的道理，其他公司觉得不适合的，或许正是你们公司急需的。因此，招聘官可以多与同行业的招聘官或者相关负责人共享简历、共享资源、共享信息。朋友多了路好走，说的就是个道理。

04

基层人才的招聘策略

人才市场中有这样一个特殊群体：他们年龄偏大，做不了过重的体力活儿，而且学历不是很高，胜任不了常规的办公室工作。这类群体就是我们常说的基层人才，如保洁、保安、服务员等。

无论在什么岗位上，工作始终不分贵贱。只要他们爱岗敬业，能够做到"在其位谋其职"，他们就是值得尊敬的。但是，不得不承认的是，因为基层岗位待遇不高、工作不是很体面，很多人不会选择这些职业。所以，对招聘官而言，如何招到合适的基层人才，也是一件令他们头疼的事情。

下面为招聘官提供几种招聘基层人才可以参考的方法和建议。

（1）人才市场招聘或直接在门店门口张贴招聘启事

随着网络招聘和自媒体的崛起，对职场白领而言人才市场已经渐渐失去了吸引力，人才市场正在渐渐成为基层岗位的聚集地。如果你经常去人才市场，你会发现一个很有趣的现象：人才市场上找工作的年轻人寥寥无几，大多是些年纪比较大的人。他们找的工作无非是保洁、小时工或保安等基层岗位。

这些人比较朴素、实在，因此在与他们沟通的时候，不需要讲究太多技巧和策略。他们不在乎绩效考核，也不讲究发展空间，你只要告知他们怎么计算薪酬，一个月多少钱，包不包吃住，要工作多少天即可。

此外，对一些场地较大的门店而言，完全可以直接在门口张贴招聘启事。这样符合条件的人看到招聘启事后，会主动进店咨询。

要注意的是，因为基层岗位的求职者大多是年龄比较大的人，而且大多是外地的。所以，除了工资外，他们很在乎公司是否包吃住。也就是说，如果基层岗位能够提供食宿的话，更利于提高招聘效率。

（2）选择基层网站

虽然说应聘基层岗位的很多人不会使用互联网，但是他们身边的人，或者他们的子女一定会使用互联网。因此，在一些基层招聘网站发布招聘信息，也是招聘基层人才的一种渠道。

（3）融入他们的圈子，实现转介绍

尽管基层人才的学历不是很高，但是微信的出现多多少少还是让他们接触了互联网，接触了外面的世界。因此，他们也会建立自己的圈子。例如，他们有自己的广场舞群、太极拳群等。要想招聘他们，就要学会融入他们的圈子，对他们进行深入了解。

融入圈子不仅可以帮助你在圈内招聘到人才，还可以让他们帮助你转介绍。一般情况下，当圈子里的人知道公司福利、待遇都不错的时候，他们会自发把这些信息告知身边的朋友、家人。这比你整天去市场上跑的效果要好得多。

（4）对他们多一些关怀、多一些包容、多一些理解

每个人来到这个世界上，都是上帝最好的馈赠。虽然他们是基层人员，但是他们也有自己的光芒和价值。只不过这些价值常常被人们忽视。因此，招聘基层人才，招聘官更要对他们多一点关怀、多一点包容、多一些理解，以此来温暖他们，打动他们。

05

销售人才的招聘策略

长期以来，销售都是人员流动最频繁的岗位。这其中最主要的原因在于销售岗位考核严格、工作压力大。所以，当你打开一个招聘网站的时候，你会发现一个有趣的现象：无论什么行业，无论什么时间，销售岗位始终占据着热招岗位排行榜的第一名。

人员的频繁流动，无疑是最令招聘官受伤的事情。因为他们需要不停地发布信息、筛选简历、打电话预约面试、办理入职手续等。对招聘官而言，做招聘本身就是一件很困难的事情，而招聘销售岗位可谓是难上加难。

销售岗位招聘困难已经是不争的事实，对此招聘官真的是束手无策吗？当然不是。那么，招聘官要如何做呢？

（1）招聘同行业的销售

招聘同行业的销售，简单来说就是招聘或挖掘同行业的销售精英。这类人有三大优势。

拥有行业工作经验、客户资源；

对这个行业的市场行情、一举一动可谓了如指掌；

他们能够快速适应新的环境。

总的来说，这类人才能够在短时间内给公司创造经济效益，而这远远要比培养新人更具有价值。从另一个层面讲，还可以大大提升招聘的精准度，可谓一举两得。

（2）锁定销售领导

中国是一个注重感情的国家，在工作中也是这样。一名员工跟随领导多年后，便会习惯、适应领导的管理风格以及工作风格。他们潜意识里会认为，跟着这样的领导一起工作才踏实，才更有前景。因此，当领导跳槽的时候，他们有很大的可能会选择跟领导一起跳槽。因此，招聘官在招聘销售人才的时候，可以锁定销售领导。这样一来，不仅可以提升招聘效率，还可以借此宣传企业，提升企业的口碑和影响力。

但是，这里我也要提醒招聘官注意，这种招聘方式很容易形成"羊群效应"，即他们可以同时进来，也可以同时离职。因此，招聘官在采取这种方式的时候，一定要慎重考虑。

（3）绩效工资要足够吸引人

这里的绩效工资就是销售员常说的"提成"。我们都知道，销售员的底薪都偏低，甚至有些岗位根本没有底薪。销售员想要实现高收入，就必须创造高业绩，拿业绩提成。换句话说，销售员非常在意公司给出的业绩工资。因此，公司在招聘前夕，一定要构建完善的薪酬体系。如果绩效工资足够吸引人，且有完善的培训体系以及公平的晋升空间，招聘销售员自然成了一件容易的事情。

（4）告诉他们可以赚到钱

相对于行政、财务、人力资源等工作，销售员对"赚钱"这件事的欲望会更加强烈。所以，招聘官在招聘人才的时候，可以在"赚钱"上"做文章"。例如，当很多求职者一起面试、培训的时候，可以找几个销售业绩做得好、工资拿得很高的员工做榜样，让榜样站出来讲解、培训，形成示范效应。这对于提高新人留存率和招聘入职率都有很大的帮助。

（5）多看简历、多打电话并提高沟通技巧

我身边有一位做人力资源工作的朋友，他基本上一天要看200份左右的简历，电话量保持在180个左右，夜晚和求职者QQ、微信沟通到23：00左右。正因为他如此认真地对待工作，所以他的招聘工作绩效一直都比较高。

因此，在招聘不到合适的销售人员的时候，招聘官不妨反思一下：自己一天能看多少简历、能打多少电话、能和求职者沟通到几点？在这个人才竞争激烈的时代，唯有努力、认真，你才能脱颖而出。

除了多看简历、勤打电话外，还要学会提高沟通技巧。对不同的人，要以不同的方式沟通，才能打动对方，实现成功招聘。

（6）恒心在，必定会有大未来

招聘官都深知，招聘不是一件好差事，总会遇到各种各样的问题，让人想放弃。但是，做好一件事，贵在持之以恒。因此，招聘官一定要有一颗恒心，要有一定能招到人的决心、一定要把招聘做好的决心。

必胜的恒心和决心，是做好销售人才招聘的前提。

对招聘官而言，如果你能轻松搞定销售人员，那么招聘其他岗位的人才对你来说都不在话下了。

06

给小公司的招聘建议

众所周知，企业之间的竞争已经转变为人才的竞争，特别是稀有人才，似乎成了各大企业的"必争之地"。

因此，我们常常会看到各大企业引进知名人才的新闻。例如，2017 年 1 月 17 日，全球互联网巨头——百度，空降陆奇（曾是美国科技巨头中职位最高的华人高管）担任集团总裁兼 COO，直接向李彦宏汇报工作，可谓是"一人之下万人之上"；2017 年 12 月 4 日，著名经济学家任泽平以 1500 万年薪加盟世界 500 强企业——恒大集团，担任首席经济学家（副总裁级）。

在大企业为引进高端人才欢呼雀跃的时候，中小微企业却在为引进人才苦苦挣扎。相比较而言，大企业给出的薪酬福利多，且有更好、更多的发展机会，因此引进人才会比较容易。而小企业的招聘工作，相对而言会更加艰辛、困难。具体来说，有以下几个原因。

第一个原因，老板不懂人才招聘。

小公司的老板大多是业务一线出身，他们多半不懂人力资源管理，对招聘工作也不重视。他们认为，招聘就是招聘官的事情，需要什么样的人才，让他们发布招聘信息即可。如果招不到合适的人才，说明招聘官的能力存在问题。如果招来的人才不适合公司的发展，就直接辞退。这样的公司不仅招不到员工，甚至连招聘官都有可能会离职。

第二个原因，公司规模小、知名度低、薪酬低。

小公司，顾名思义规模小、知名度低。这些公司要么是刚刚成立的创业公司，要么是成立时间不长、团队人员少的小公司。一般情况下，小公司会把重点放在发展业务上。因此，他们给予员工的薪酬一般不会太高，且福利、节假日等都不一定会按照法定执行。当求职者对此提出疑问的时候，他们常常盛气凌人地说："我们是初创公司，才刚刚起步，现在我们要找的是跟我们一样有梦想、价值观相同的合伙人。你现在加入我们，等于我们带着你创业。"试想一下，一个规模小、不知名、薪酬低的企业，哪一位求职者愿意冒险跟你们创业？

第三个原因，招聘预算太低。

招聘必须选择合适的招聘渠道。但是一般效果比较好的渠道都需要一定的费用。当招聘官向公司申请招聘费用的时候，老板常常会不高兴地说："就招了个人而已，哪需要这么费劲、费钱。"老板不情不愿地批了申请后，还会说："招聘渠道已经开通了，再招不到人你就没话说了。"这样看来，似乎所有的问题都在招聘官身上。

上面列举的 3 个问题，是小公司在招聘的时候最大的阻碍。其实，任何一家公司在刚开始的时候都会面对这些问题。只有采取措施积极解决这些问题，公司才能引进人才，才能不断发展壮大。

那么，小公司如何做招聘？

（1）多用朋友圈做招聘

这里的朋友圈不是特指微信朋友圈，而是你身边可以利用、能够信任的资源。例如，你所在的业主群、行业交流社群、论坛群，当然也包括你的微信朋友圈。这些圈子也许不会像亲友一样让人放心，但多少有一定的信任基础。

特别是业主群，里面都是邻居，大家都会互相帮助；行业交流群，都是同一个行业，更容易精准锁定合适的人才；而微信朋友圈，都是你比较熟悉的人，这些人中或者他们的朋友有需要找工作的，也会更加信任你。这些对于小公司来说都是费用小且效果比较好的招聘渠道，因此不要小看而要善于利用。

（2）让有影响力的人帮你推荐人才

每个行业都有几家明星公司，每个行业都有几个翘楚人物。相对普通人而言，这些人的影响力、公信力更大，人脉资源更广泛。有句话说：物以类聚，人以群分。也就是说，在这些人身边的人，其人品、态度、能力也跟他们差不多。因此，如果可以找这些人帮你推荐人才，将会大大提高招聘效率。

（3）重点突出企业文化、价值观、愿景以及老板的情怀

如果经济实力不够，那就用企业文化、价值观、愿景以及老板的情怀来吸引求职者。

小米科技于 2018 年 7 月 9 日上市。这家成立于 2010 年的互联网公司，在历经 7 年的沉淀之后终于"爆发"。而小米的成就并非一蹴而就的，也是从小公司一步一步发展起来的。刚开始小米的薪酬水平也很低，员工之所以愿意为小米卖命干活儿，是因为大家看重小米的 CEO 雷军的为人、情怀，相信企业的文化、价值观和愿景。

所以，在不能给求职者更好薪酬的当下，一定要给他们足够的温暖和关怀以及美好的未来，这些才能吸引求职者。

（4）人才背后的人才

在职场中，我们经常看到集体离职的现象。而导致这一现象产生的关键原因是：某个岗位的领导离职。当他入职下一家公司的时候，原来公司忠心追随他的员工也会跟随他入职新公司。因此，在挖掘人才的时候，一定要考虑到人才背后还有人才这一点。

但是这个方法是个双刃剑。领导带来的人，其人品、态度、能力没有太大问题，但是人多了容易形成帮派效应，不方便后期的管理，因此要慎重。

（5）公司一定要有"人气"

公司小不是招聘不到人才的关键原因，没有人气才是关键原因。

试想一下，现在你是一名求职者，你要去一家小公司面试。走进公司的时候，你看到里面的员工无精打采，公司里冷冷清清，你还愿意加入这家公司吗？答案一定是否定的。

任何求职者都想在一个氛围良好的办公环境里工作，也就是人们常说的公司有"人气"。尤其是对于小公司，求职者更注重这一点。因此，平时上班就要要求员工保持良好的精神面貌，并且要懂得营造良好的工作氛围。

（6）老板最好也参与面试

小米科技的 CEO 雷军曾说，小米刚成立的时候，他每天有 70% 的时间都是在面试。由此可见老板参与面试的重要性。

大公司的面试流程比较规范，除非是特别的岗位，一般岗位老板不会参与。但是小公司不一样，小公司的老板作为创始人，更清楚自己需要什么样的人才，进而能更好地向求职者展示自己的想法、情怀，更容易吸引求职者。

（7）提升招聘效率

小公司的人力、财力、物力都有限，且招聘难度和压力都非常大，因此，小公司更应该提升招聘效率。如果条件允许，最好可以一天之内搞定初始、复试。

（8）展现出专业的一面

面试是一个双向选择的过程，不仅仅是公司选择求职者，也是求职者在选择公司。因此，在面试沟通过程中一定要展现出我们专业的一面。无论是招聘官初试，还是用人部门复试，一定要专业、真诚地向求职者介绍清楚工作岗位以及公司的相关情况。老板如果参与面试，可以把公司未来的发展规划、想法等都讲清楚，这样方便求职者做出更好的选择。

小公司在各方面都不占优势的情况下，招聘并不会很轻松。但是，暂时不优秀，不代表永远不优秀。对于小公司而言，只有不断努力，让求职者看到希望，才会吸引更多的求职者加入公司，跟公司一起奋斗。久而久之，招聘工作也会变得越来越轻松。

第12章

招聘官的
进阶之道

　　每个人心中都有一座"珠穆朗玛峰"，且每个人都想攀登到峰顶。招聘官也是如此。每个招聘官都希望不断提升绩效，提升自己各方面的能力，最终成功走上进阶之道。

01

进阶第一步：下定做好的决心

决心是做好一切事情的前提，决心也是招聘官进阶之道的第一步。

一次我参加一个房地产论坛，中国某一线房地产开发商营销中心的总经理发表了讲话。当时有两句话，震撼了在场所有的嘉宾。甚至可以说，这场演说改变了不少人的命运。

第一句话："很多人抱怨，买不起房子。其实他们并不是缺钱，因为与缺钱相比，他们更缺少的是买到房子的决心"；

第二句话："没有买不到的房子，只有买不到房子的人，更多的是买不到房子的思维"。

这两句话体现的正是一个人做一件事的决心，而一个人的决心直接决定着他能否取得成功。招聘工作更是如此。招聘官的决心，直接决定他能否做好这份工作，能否为公司招聘到合适的人才。

为了解决招聘效果不佳的问题，我曾仔细观察过一些招聘官的工作状态。在日常的工作中，他们的表现如下：

上班的时候，打开招聘网站，看看是否收到了简历。如果有合适的就打个电话，不合适就直接剔除；

如果网站没有简历，招聘官会在社群发招聘消息，或者找朋友推荐，接下来他们很有可能会不停地闲聊；

闲聊结束后，玩玩手机，然后到下班时间就关电脑，下班。

一天的工作时间就这么度过。当领导问招聘效果为什么不好的时候，他们会顺理成章地将原因归结为外界因素，丝毫不会反思自己的态度。

不少招聘官向我咨询过招聘工作进展不顺利、招聘效果不佳等问题。我仔细看过他们发布的招聘信息，全面、深入地了解过公司信息、岗位信息、薪酬等，并没有发现太大问题。经过对他们工作状态的观察后，我找到了答案。之所以招聘进展不顺利、效果不佳，很大一部分原因在于招聘官自身，即他们并没有下定决心做好这件事。他们只是把这件事当成一个工作任务，每天按时按点上班，每个月拿固定薪酬。

我曾在共享招聘社群线下沙龙活动中，问过在场的招聘官这样一个问题：我们为了什么做招聘？粗略估计一下，在场差不多有90%以上的人给我的回答是："公司在发展，有人才需求，所以我们就要进行招聘。"这句话通俗来理解就是：老板让我们招聘，这是我们的工作，所以我们要做。当然，如果这样能把工作做到位，也完全可以。如果只是机械性地完成任务，却没有任何成效，这就说明你的招聘工作存在很大的问题。

这个时候，招聘官就要进行深刻的反思。

作为企业的形象，作为招聘负责人，你的责任有多大？

公司的团队建设、规模快速扩张都需要你，你的位置有多关键？

你是否意识到人才是否适合公司发展，项目能否顺利推进，关键在于你的招聘进度和效果？

你是否意识到公司能否立于行业不败之地、是否拥有关键人才，需要看你招到什么样的人才？

…………

认真思考这些问题，你会发现招聘不仅仅是一份工作，更是一份责任。而要担起这个责任，需要的不仅是工作能力，更要有一定可以做好这件事的决心，要有把招聘当成自己的事业去做的决心。

招聘这件事其实跟买房子是一样的道理，决定能不能买得起房子的不是钱，而是决心，招不到合适的人才，缺的不是人才，而是招聘官做好招聘工作的决心。

02

招聘官的基本功：望闻问切

"望闻问切"是中医诊断的四种方法。"望"，是指观气色；"闻"，是指听声息；问，是指询问症状；"切"是指摸脉象。这种诊断方法具有直观性和朴素性等特点，在感官所及的范围内能够直接获取信息，可即刻进行分析、诊断。招聘工作中，招聘官需要的正是这四种能够直观获取信息的能力。

（1）望：学会观察

在实际招聘过程中，招聘官必须学会观察。那么，应该观察什么？

第一，观察求职者的仪容仪表。著名知识问答网站知乎上曾有一个热度非常高的问题：外表和内在你更在意哪个？问题下面点赞量最高的答案是：外表决定了我有没有兴趣了解你的内在，而内在决定了我会不会一票否决你的外表。外表和内在实际上是相辅相成的。很多时候，一个人的外表反映的往往是他的内心。

例如，现在有两名求职者参加面试。一名求职者穿着拖鞋，蓬头垢面，气喘吁吁跑来面试。而另一名求职者穿着干净、整齐、清爽，且提前到达等候区等待面试。从外表上看，你会选择哪位？无疑是第二位。因为一个连个人外在形象都不在意的人，你更不用指望他会认真对待工作。

第二，观察求职者的表情、动作。从求职者的仪容仪表获取的信息有限，关键还要从求职者的动作、表情等方面进行动态观察，获取更多相关信息，以定格求职者的基本特征。前面我们详细阐述过，人会被自己的肢体动作"出卖"。也就是说，从求职者的肢体语言可以洞察其内心想法。

第三，观察简历。除了面试时候的观察外，筛选简历过程中对简历的观察也是不容忽视的。招聘官要学会看出简历中的虚假信息，以提早淘汰一批不适合在企业发展的求职者。

（2）闻：学会倾听

成功的面试不是说得越多越好，而是听得越多越好。听得越多，你获取的信息越多，越能促进沟通，促进招聘成功。

那么，在面试的过程中，招聘官要倾听什么？

第一，招聘官要听懂求职者表达的内容。这个很简单，例如求职者说"希望可以获取较高的薪酬""不想经常加班"。这些信息比较直白，只要认真倾听，就能直接获取。

第二，招聘官要听懂求职者没有说出口的话，即求职者的潜台词。关于求职者的潜台词，在前面章节详细阐述过。简单来说，就是通过求职者的潜台词，听出他们内心真实的声音。只有这样，才能知道如何满足求职者的潜在需求，进而才能促进招聘成功。

倾听不仅能够了解求职者的择业动机、需求等，还能够了解求职者的价值观。如果招聘官在这个环节能够识别求职者价值观与企业价值观不符，那么可以直接剔除。这样就可以提高招聘效率。

上帝给了我们两个耳朵一张嘴，就是在告诉我们要少说多听，尤其是在面试的时候。招聘官要做的是"抛砖引玉"，多听听求职者的心声，了解他们的想法。

（3）问：学会提问

倾听是被动获取信息的一种形式，而提问则是主动获取信息的一种形式。在招聘的过程中，通过倾听被动获取的信息是有限的，因此招聘官还要学会主动提问，以获取更多有效信息。

一般来说，适合在面试过程中采用的提问方式有三种。

第一，三维提问法。即过去、现在和未来。例如，可以问"你过去在工作中取得了什么样的成就""现在你对工作有什么想法""未来你对职业生涯有何打算"。

第二，引导四问法。即封闭问题、开放问题、连串问题、引导问题。

封闭问题，即可以用"是""不是""能""可以"这些词语进行回答的问题，求职者不需要进行过多思考就可以直接给出答案。一般情况下，面试刚开始的时候，为了打开谈话氛围，可以采取封闭式提问，如"你之前从事过这方面的工作吗"等。

开放问题，是与封闭问题相对的，即不可以直接用"是""不是""能"这些词语回答，需要经过认真思考给出描述性答案的问题。这类问题可以引导求职者思考，招聘官进而可以获取更多关键信息。如可以问"你希望在今后的工作中取得什么样的成就"等。

连串问题，即刨根究底，不停盘问，如"为什么会离职""之前的公司哪里不好""离职之后为什么找我们公司"……要注意的是，这种提问方式虽然可以获取很多信息，但也很可能会引起求职者反感，因此要慎重选择。

引导问题，通常包含一些暗示性的字词，通常反映的是招聘官的想法。

这类问题往往会引导求职者朝某一特定方向回答，有助于获取特定的信息，如"你是不是对这方面的工作很了解"。

第三，经典六问。

第一问：引入式问题——渐入佳境，如"你认为自己有哪些优点和不足"；

第二问：行为式问题——穷追猛打，如"遇到这样的事情，你会怎么做"；

第三问：应变式问题——暗藏玄机，如"井盖为什么是圆的"；

第四问：动机式问题——意欲何为，如"你为什么想加入我们公司"；

第五问：情境式问题——身临其境，如"假如你现在担任总经理助理，上班第一件事你会做什么"；

第六问：压迫式问题——兵不厌诈，如"这么多优秀的人才，我们为什么要聘用你"。

以上这些都是提问技巧。招聘官可以根据自己想获取的信息以及求职者的个人情况，采取合适的方式进行提问。

（4）切：学会诊断

望、闻、问之后，要进行的就是诊断，也就是"切"的技术。

招聘官要在前面三个环节获取的信息的基础上，进行科学的人才测评、背景调查专业分析，最后要做的是综合评估和人才诊判，以判断求职者是否符合公司的用人标准。

在这一环节中，招聘官不仅要对求职者做出综合测评和判断，还要跟用人部门协商，最终才能做出录取决策。

其实，招聘工作既在乎流程，也在乎结果。在实际过程中，一定要学会用结果反映过程，用过程衬托结果。优秀的招聘官一定是个会提问、观察、倾听和决策的高手，他们懂得把过程显示在结果之中。

03

做好招聘的4个阶段

据权威人力资源机构关于《人力资源从业者现状》的调查数据显示：67% 以上的招聘官从业者在刚入行的时候，都会选择招聘模块作为切入点，然后走向综合管理岗位，直至后来成为公司高管。

这个数字其实一点不会让人意外，因为几乎所有的招聘官在刚入行的时候都认为，招聘是人力资源板块中最容易的一个版块。在他们看来，招聘无非就是：你需要什么人，我给你招来什么样的人。

事实真的如此吗？

简单地看待招聘这件事，的确是企业需要什么样的人才，招聘官就招聘什么样的人才。但是招聘的价值和意义远不止于此，招聘跟企业的管理、战略、经营等息息相关，因此，招聘官要做的事情也不只是简单地发简历、打电话。

企业在不同的发展时期，招聘的工作使命和价值也不同。对于一名普通的招聘官而言，从入行到精通，从精通到专业，至少要经历 4 个阶段。

（1）补充人力

补充人力，即对某项工作、某个岗位、某项能力进行补位。这是招聘的第一个阶段，也是最基础的阶段。这个阶段招聘官的工作理念如上面所说：你需要什么人，我给你招来什么样的人。哪个部门缺人，就补充哪个部门。

在这个阶段，招聘官需要做的就是熟记电话邀约技巧和面试技巧，多看简历，多打电话，用心对待招聘环节中的每一项工作任务。

这个阶段，并不能真正确保补位成功，因为招聘官不会过于关注人才是否合适。也就是说这个阶段招聘官关注的仅仅是数量。

（2）侧重能力

这是招聘的第二个阶段。这个阶段的招聘不再把"补充人力"作为出发点，而是把"补充能力"作为落脚点。

这个阶段，招到人是基础，而人才是否具备岗位特定的技能，是否适合企业发展的需求是关键。既在乎人才的数量，更在乎人才的质量。要做到数量、质量兼有，就要求招聘官要有一定的招聘能力。

在这个阶段，招聘官要做的重点工作是，深入、全面地了解公司和各个岗位的相关信息。因为只有熟悉公司的业务，才能为公司匹配到合适的人才。

（3）支撑战略

这是招聘的第三个阶段，能做到这个阶段的招聘官，一定是掌握了基础招聘阶段的人海战术能力和能力招聘阶段的业务能力。这个阶段，招聘官工作的侧重点是，有计划、有预见地主动推进招聘工作。同时，不要只是为了招聘而招聘，而是把更多的时间和精力用来研究和落实人力资源配置和招聘的有效结合上。

有计划、有预见的招聘工作并不是盲目地进行，必须支撑企业战略。因为战略是公司经营的方向盘，同时也应该是招聘工作的导航仪。支撑战略的招聘，就是能够根据公司的经营和战略的要求，有计划、有目的地储备人才；根据组织结构优化人才，主动提出人才配置、优化方案。

在这个阶段，招聘官不再处于被动状态，他们会选择主动出击，有预见性地补充人才，以满足公司各个岗位人才的需求。

（4）成本招聘

成本招聘是指花费最小的招聘成本，达到最大的工作和盈利效益。这是招聘的第四个阶段。做到这个阶段的招聘官，在公司至少也是资深招聘经理或者招聘总监级别。他们不仅能支撑战略，更能从成本的角度去把控招聘。

做任何事情都是有成本的，招聘也不例外。招聘网站有费用、招聘会筹办需要费用、招聘专员出差需要费用……一般的招聘官，不会顾及这些问题，他们认为只要招到人，钱是小事。但是资深的招聘官，他们会思考的不仅是招到人才，而是用最低的成本招到更合适的人才。

从招聘助理到招聘专员，从招聘主管到招聘经理，从招聘总监到首席招聘官，再到业务类综合管理，最终走向公司高管。每个阶段变化的不仅是称呼、岗位名称，更多的是技能、知识、阅历和眼界。相信每个招聘官都想跻身最高的位置，那么不妨参考这四个阶段，看看自己处于哪个阶段，还需要做哪些努力才能"升级"。

04

像猎头一样做招聘

2017 年一部叫《猎场》的职场剧吸引了不少观众的眼球。《猎场》这部电视剧，聚焦猎头行业，用最专业的视角展示了现代职场中的"挖人大战""招聘大战",让人们对招聘、人力资源、猎头有了更加深刻的认识和了解。

猎头在招聘界一直有着非常好的口碑,他们招聘精准、专业、高效。但没有任何技能是一蹴而就的,猎头为什么可以实现高绩效招聘?招聘官应该从猎头身上学习哪些招聘知识和技能呢?

(1)认真地分析招聘需求

分析招聘需求,是提升招聘价值、匹配合适人才的重要前提。猎头往往很重视分析招聘需求。通常情况下,他们会从公司和岗位两个层面深入、全面地分析招聘需求。

第一个层面:公司层面。

充分了解企业的业务流程、组织架构、企业文化、发展经营战略,这些是关键岗位的求职者最看重的方面,是吸引人才的"有力武器",更是分析招聘需求的关键。

第二个层面:岗位层面。

岗位层面的内容包括,所属部门的关键职责、部门内部的组织架构、岗位层面的职位说明书、招聘的原因、面试的流程、岗位上级主管的工作经历与管理风格,对人才的要求、核心优势等。

猎头在与企业招聘负责人探讨招聘需求的时候,往往会根据企业的实际情况、用人部门对人才的需求建立一套适合企业的《招聘分析表》。表格包含了行业、业务、组织、流程、战略以及岗位等具体信息。离开这些需求信息的支持,猎头的人才寻访也会变得低效、没方向、没有质量。因此,这点要引起招聘官的重视。

（2）匹配合适的人才，不为业绩而推荐

我们都知道，业绩是猎头价值的体现，更是他们的尊严。但是他们不会为了业绩去推荐不适合的人才，他们往往更注重自己的口碑、公司的影响力，懂得为自己的未来铺路。

简单来说，猎头始终关注的是人才是否"适合"企业的发展，而不是自己一个月能赚多少钱。这里的"适合"主要体现在以下几点：

第一，员工实际能力与岗位实际需要是否匹配；

第二，行业实际背景与实际工作经历与岗位用人需求的匹配度；

第三，员工的三观与企业的三观是否匹配。

对于猎头而言，他们工作的核心是：把顶尖的人才，放到最合适的位置上。正因为始终关注人才是否合适企业发展这一点，所以他们才能够精准锁定人才，并为企业匹配合适的人才。所以说，他们的成功不是偶然，而是必然的。

希望每个招聘官都能像猎头一样思考，像猎头那样招聘人才。

05

招聘之外的修行同样重要

招聘官是求职者接触公司的窗口。招聘官在工作中的一言一行展示的不仅是招聘官的工作能力，更是招聘官的修养。如果招聘官只有能力，没有良好的个人修养，招聘也很难取得成功。所以，对于招聘官而言，招聘之外的

修行同样重要。

那么，招聘官要如何修行，以提高自己的修养呢？

（1）多看书，多学习

看书是成本最少的一种学习方式。因此，在闲暇之余，招聘官要善于利用时间多看书、学习。

第一，阅读专业书籍，提升专业知识。

对于招聘官而言，要想提高招聘能力，首先要深入学习招聘专业方面的知识。招聘官如果不懂得企业管理、人力资源配置、岗位基础知识等，招聘工作就无从谈起。

第二，广泛涉猎各种书籍，拓展其他方面的知识。

古人云："汝果欲学诗，功夫在诗外。"意思是说，你果真要学习写诗，应该首先在诗歌以外，书本以外多下功夫。同样，作为一个要面对各行各业人才的招聘官，更不能只掌握本行业、本岗位的知识，还要具备与招聘息息相关的知识。例如心理学、统计学、财务等。

这样，你和不同部门的负责人，不同专业、性格的求职者沟通起来，才能表现得更专业，更游刃有余。

（2）学会提升情商

美国著名人际关系学大师戴尔·卡耐基曾提出一个成功公式：成功=85%的情商+15%的专业知识。这是大部分职场人都很认可的一个成功学公式。招聘官要想取得成功，同样需要遵守这个公式，在不断提升专业知识的同时，更要学会提升自己的情商。

对于一个招聘官而言，每天都要与不同部门的领导、负责人、员工、求职者打交道。你需要能够应对这些人的各种情绪、想法、诉求，并且还要学会自我调节，在各种压力之下顺利完成工作，让大部分人对你的工作满意。而这就要求招聘官必须具备很高的认知能力、感应能力、自我激励能力、处理互相关系的能力、情绪控制能力。这些能力，都可以统称为"情商"。

高情商的招聘官会尊重工作、尊重生活中遇到的任何一个人，他们不会将自己的想法强加于人，对自己有清醒的认识，能够承受一定的压力，且善于处理人际关系以及工作中遇到的各种问题。因此，高情商是一个优秀的招聘官必备的能力之一。

招聘官提高自己情商的途径有以下几种：

第一，跟自己的领导学习，或者向职场成功人士学习；

第二，遇事要沉着冷静，学会控制自己的情绪；

第三，要多为对方着想；

第四，扫除一切浪费精力和时间的事情。

此外，你也可以通过阅读相关方面的书籍或者观看相关的演讲视频提高自己的情商。

（3）多参加一些社会活动，多跟同行交流

每个行业都有每个行业的特点，每个招聘官也有每个招聘官的闪光点。因此，不妨多参加一些社交活动，多跟同行交流，多听听别人的心声和建议。当不同的想法碰撞到一起的时候，才能激发新的火花，招聘官也会有更多新的思路，进而提升招聘效率。

招聘官要知道，闭门造车的前提是，你要见过很多车。

（4）身体是革命的本钱

一件事能够做成功，取决于多方面的因素。但是所有因素都依托于一个前提条件——要有健康的体魄。任何一个人都应该清楚地知道，身体是革命

的本钱，健康才是自己最大的财富。招聘官也是如此。

很多时候，在领导和用人部门的催促下，为了高效完成招聘任务，招聘官甚至没日没夜地加班看简历、打电话。虽然这种敬业精神值得肯定，但是这种伤害自己身体的行为是不值得提倡的。

或许这样能够提升招聘效率，但是如果你身体不好，你需要花更多的时间休息。这样不仅会耽误你的事业，也会耽误公司的项目进展。这是任何一个企业的领导都不愿意看到的情况。所以，招聘官一定要懂得劳逸结合。只有身体健康了，你才有资本在招聘战场中拼搏。

招聘虽然是一件非常辛苦的事情，但这里面也有很多乐趣。我一直把招聘看作一场旅行，在旅行的过程中可以认识很多人，遇见很多事情。这些人和事会让我的视野变得更广，心态变得更加平和。这对于招聘官而言，何尝不是一种修行。

所以，招聘官在工作之余不妨跳出来看一看、学一学，让自己在招聘这场旅程中更好地修行，见识更多有趣的人，看到更丰富的世界。

06

再走三步，你就登上珠峰了

珠穆朗玛峰是喜马拉雅山脉的主峰，同时是世界海拔最高的山峰。珠穆朗玛峰山势雄伟险峻、气势磅礴、非常秀丽，每年都会吸引很多世界各地的登山爱好者。但是，并不是每一个登山者都能成功登上峰顶。

招聘，作为人力资源工作的核心板块，作为公司人才供应的阵地，由于其入行门槛相对较低、收入较高，吸引了很多从业者的加入。这些人都渴望着有一天成为一名卓越的招聘官，登上招聘行业的"珠穆朗玛峰"。但是，并不是每个招聘官都能成为卓越的招聘官。

那么，攀登招聘行业的"珠穆朗玛峰"要如何做呢？其实，从优秀到卓越，你只差三步。

（1）沉稳的性格

古罗马哲学家绪儒斯曾说：一个人的性格决定着他的命运。在招聘官所有需要具备的素质中，沉稳的性格无疑是最为重要的一点。

招聘工作涉及的部门多、细节多，而且是公司利益、应聘者利益的集合地。这就要求招聘官做事要有条理、思维要清晰，且要有大局观。而这些只有性格沉稳的人才能做到。

试想一下，一个做事毛毛躁躁，遇事就暴跳如雷的招聘官，你还指望他能处理好招聘中的事情吗？显然不会。当然，这并不是让每一个招聘官都压抑自己的性格。而是说，在适当的场合要学会控制自己的情绪，展现自己沉稳的一面。

（2）发自内心地认可企业、喜欢招聘

所谓的兴趣，即认可并喜欢自己所做的事情。这也是做好任何一件事情的前提。

因此，招聘官要想登上招聘行业的珠峰，首先必须发自内心地认可企业，即便它不是上市公司、不是世界 500 强企业，没有行业顶端的薪酬福利和办公环境，也不能轻视它、抛弃它。对于招聘官来说，对企业的认可是你做好工作的首要条件。

同时，还要喜欢招聘这份工作，要深刻理解招聘工作的价值和影响力。要深知，招聘这份工作一方面关乎企业的正常经营和发展，另一方面也关乎

求职者的职业生涯发展。也就是说，招聘不仅仅是一份工作，更是一份责任和使命。而要肩负起责任和使命，就要有发自内心的敬畏和高度的敬业精神。

（3）把三方的价值观融合在一起

孔子《论语·卫灵公》中提到："道不同，不相为谋。"对于招聘官而言，如果他不能将个人价值观、企业价值观、求职者价值观融合在一起，将很难招聘到跟企业谋合的求职者。

因此，招聘官不仅要在企业价值观的基础上树立正确的个人价值观，也要深刻理解企业的企业文化和价值观，以及企业在用人方面的要求，并且要在招聘面试的过程中，通过测试、考核来判断求职者的价值观是否与企业价值观相吻合。只有把三方价值观融合在一起，招聘官才能招聘到更加适合企业发展的人才。

除了以上三步外，还有一点要提醒招聘官特别注意：招聘工作是立足在公司经营战略的前提下，为公司的发展注入新鲜血液和动力。也就是说，招聘是在为公司招聘，而不是为自己招聘。因此不要按照自己理解的标准去做招聘，避免出现"像我效应"。

作为一个招聘官，最幸福的事情就是为企业匹配到适合的人才，成就企业；为人才配置适合他的重要岗位，该岗位成为其职业生涯的里程碑，甚至影响他一生的发展，成就人才。因此，从某种意义上说，一个卓越的招聘官不仅仅是一个招聘官，也应该是企业和求职者的伯乐。如果招聘官能深刻理解这一点，再走好这三步，你一定可以登上你心中的"珠穆朗玛峰"。